WordPress voor beginners

Maak een website zonder

programmeerkennis

Hoofdstuk 1
Inleiding tot WWW

1.1 Leerdoelen en instructies

Na voltooiing van dit hoofdstuk kan de cursist:

A. uitleggen waar CMS voor staat;

B. een standpunt over waarom statische websites geen goede optie zijn in de 21e eeuw verdedigen;

C. Door cPanel webomgeving navigeren;

D. De basisgeschiedenis en principes van WordPress benoemen;

E. Uitleggen hoe internet werkt;

F. Een geschikt webdomein en hostingoplossing aanschaffen.

1.1.1. Leesinstructies

Om dit hoofdstuk succesvol te afronden:

➤ Lees het hele hoofdstuk 1.

➤ Controleer uw kennis door de oefenvragen te beantwoorden (aan het einde van dit hoofdstuk).

Veel leesplezier!

1.2 Hoe werkt internet?

Het internet is de ruggengraat van het web, de technische infrastructuur waarmee het intnernet kan functioneren. Het internet kan worden gezien als een enorm netwerk van computers die op het meest basale niveau met elkaar in verbinding staan.

De geschiedenis van internet is een beetje wazig. Het begon als een onderzoeksproject dat in de jaren zestig door het Amerikaanse leger werd gesteund en groeide in de jaren tachtig uit tot een openbare infrastructuur met de hulp van verschillende openbare universiteiten en commerciële bedrijven. De verschillende technologieën die internet mogelijk maken hebben zich ontwikkeld, maar de methode waarop het werkt niet: het internet is een mechanisme om computers (en mensen) met elkaar te verbinden en ervoor te zorgen dat ze verbonden blijven, wat er ook gebeurt.

1.2.1. Websites en hosting

Als we dus begrijpen dat internet één grote groep computers is die met elkaar communiceren, kunnen we logischerwijs concluderen dat websites die we gebruiken, technisch gezien gewoon bestanden of programma's zijn die op deze computers draaien. Afhankelijk van onze rol bezoeken we deze bestanden om ze te bekijken, of we hosten deze bestanden zodat anderen ze kunnen bezoeken.

Elke website is dus een map die meerdere bestanden bevat, waarbij elk bestand staat voor één webpagina. Al deze webpagina's vormen samen een website.

Aangezien het voor beginners vrij onveilig is om hun websites via hun eigen pc aan anderen beschikbaar te stellen, kan hosting worden gekocht. Hosting is in eenvoudige bewoordingen, een pc (server) die we voor een beperkte tijd verhuren van een derde persoon, een hostingprovider - om onze bestanden (websites) te hosten zodat andere mensen ze via internet kunnen bezoeken .

Naast hosting hebben we ook een websitedomein nodig zodat onze bezoekers een webadres kunnen intypen waarmee ze onze site kunnen bereiken. Simpel gezegd, een domeinnaam (of gewoon "domein") is de naam van een website. Het is de verzameling tekens die volgt op '@' in een e-mailadres of 'www'. in een webadres. Als iemand je vraagt hoe ze je online kunnen vinden, vertel je ze normaal gesproken je domeinnaam. Yahoo.com is een voorbeeld van een domeinnaam.

Daarom, in eenvoudige woorden, we konden uitleggen dat onze website is als een huis, en ons huis adres is een webdomein waardoor onze potentiële bezoekers onze website kunnen bereiken.

De verklaring aan het einde van een webadres dat een internetcategorie of een landcode aangeeft, staat bekend als een domeinextensie. Dit zijn bijvoorbeeld: .com voor commercieel, .org voor organisatie, .edu voor alle onderwijsinstellingen. Domeinextensies kun je zien als internetcategorieën die ons snel vertellen wat voor soort website we op dit moment bezoeken.

Tip: Om uw website online zichtbaar te maken heeft u twee producten nodig: a) een webdomein en b) een webhostingpakket. Dit zijn twee verschillende producten, hoewel sommige online providers de neiging hebben om hostingpakketten te verkopen die een gratis domein bevatten. Houd er rekening mee dat zowel de hosting als het domein maandelijks of jaarlijks moeten worden betaald, afhankelijk van de provider die u gebruikt.

1.3 Eenvoudige websites vs. CMS

Zoals eerder uitgelegd, zijn websites in feite een map die een heleboel bestanden bevat. Deze bestanden zijn geschreven in codeer- en programmeertalen. Een programmeertaal is een set grammaticale regels en een vocabulaire om een machine opdracht te geven bepaalde taken uit te voeren. Er bestaan verschillende programmeertalen, afhankelijk van hun doel. De zogenaamde High-level talen zoals BASIC, C, C++, COBOL, Java, FORTRAN, Ada en Pascal worden gewoonlijk de belangrijkste programmeertalen genoemd, terwijl andere talen zoals HTML, CSS en JavaScript die worden gebruikt in webdesign en -ontwikkeling worden vaak scripttalen genoemd.

Sommige webontwikkelaars proberen codes met de hand te schrijven in gespecialiseerde editors en ze op te slaan in speciaal ontworpen bestanden om een website te maken. Dit is echter een zeer tijdrovende bezigheid en leidt tot veel kosten. Om dit proces sneller te laten verlopen, hebben programmeurs en ontwikkelaars een idee van software gecreëerd, waarmee websites voor hen kunnen worden gemaakt zonder dat ze lange regels code hoeven te schrijven. De ruggengraat van dit idee was om snel nieuwe inhoud te kunnen genereren in bestaande ontwerpen, zonder het codeergedeelte helemaal opnieuw te hoeven doen. Dit idee is gerealiseerd onder content management systemen (CMS).

Een contentmanagementsysteem wordt gebruikt om de digitale ervaring van uw klanten te creëren, beheren en verbeteren. Een CMS is een stukje software waarmee gebruikers kunnen samenwerken bij het maken, bewerken en publiceren van digitaal materiaal, zoals webpagina's en blogberichten. Er zijn tegenwoordig veel CMS-merken, maar de meest populaire is WordPress.

1.4 WordPress CMS

WordPress is een op PHP gebaseerd (programmeertaal) contentmanagementsysteem (CMS) dat werkt met een MySQL- of MariaDB-database. Plugin-architectuur en een sjabloonsysteem dat in WordPress Thema's wordt genoemd, behoren tot de functies die ons vrijelijk door dit CMS worden gegeven. WordPress begon als een platform voor het publiceren van blogs, maar is nu uitgebreid met meer traditionele mailinglijsten en forums, evenals mediagalerijen, lidmaatschapssites, leesbeheersystemen (LMS) en online handel. Dit verklaart waarom WordPress tegenwoordig zo populair is - het wordt gebruikt voor het maken van zoveel verschillende soorten en functionaliteiten van websites als je je kunt voorstellen.

Het antecedent van WordPress was b2/cafelog, ook wel bekend als b2 of cafelog. Met ingang van mei 2003 werd b2/cafelog gemeld te zijn ingezet op ongeveer 2.000 blogs. Michel Valdrighi, die momenteel een bijdragende ontwikkelaar is voor WordPress, schreef het in PHP voor gebruik met MySQL. Ondanks dat WordPress de officiële vervanger is, is een ander project, b2evolution, nog in ontwikkeling.

WordPress begon in 2003 als een samenwerking tussen Matt Mullenweg en Mike Little om een fork van b2 te produceren. Een vriend van Mullenweg, Christine Selleck Tremoulet, bood de naam WordPress aan. Sindsdien kennen we WordPress onder deze naam. Tot 2021 had WordPress meer dan vijf verschillende versie-updates gezien, waardoor het zichzelf voortdurend bijwerkte met de normen en behoeften van moderne internetgebruikers.

1.5 Domein en een hosting kopen

Zoals eerder vermeld, heb je om te beginnen met het maken van je (online) website zowel webhosting als een webdomein nodig. Misschien heeft u ze al, zo ja - dan kunt u waarschijnlijk uw bestaande producten gebruiken.

Webdomeinen en webhosting kunnen via verschillende online providers worden gekocht. Prijzen van webdomeinen en webhosting variëren sterk - hoewel alle providers in wezen dezelfde producten aanbieden. U zult vaak herkennen dat goedkopere aanbieders minder hulp en service krijgen bij hun producten dan duurdere aanbieders. Er zijn ook grote namen in de verkoop van domeinen en hosting, maar kleinere bedrijven zijn soms net zo goed.

Hoewel we aanraden om Yourhosting.nl te gebruiken als een van de meest betrouwbare en populairste online plaatsen om je domein te krijgen, kun je er ook voor kiezen om te googelen op een aantal andere providers door: "goedkope webhosting" of "goedkoop webdomein" in je zoekbalk te typen.

voordat je je eerste domein en je eerste hostingpakket aanschaft aan de volgende tips:

> ➤ Bedenk vooraf of je webdomein makkelijk te onthouden en toegankelijk is. Vermijd het gebruik van lange namen, of namen gescheiden door het "-" teken;
> ➤ Laat u niet misleiden door zeer goedkope promoties, aangezien ze meestal veel duurder worden in de volgende cirkel van verlengingen - kijk goed naar de prijs voor verlenging na de verkooppromotie;

➤ Kies bij voorkeur voor een hosting die je toegang geeft tot cPanel, vaak "Linux Hosting" genoemd;

➤ Kies voor kleine pakketten omdat de kans dat uw website in het eerste jaar meer dan 100.000 bezoekers bereikt erg klein is. U kunt uw facturering altijd upgraden, maar u kunt deze zelden downgraden.

➤ Zorg ervoor dat uw provider een goede service en kennisbank heeft - Yourhosting.nl heeft bijvoorbeeld een uitgebreide kennisbank met instructiehandleidingen en een goede klantenservice.

1.6 cPanel

Zodra je je domein en je hostingpakket hebt gekocht, en je aankoop is geactiveerd, ontvang je hoogstwaarschijnlijk meerdere e-mails ter bevestiging. Een van die e-mails bevat uw hostinginformatie - u krijgt de link om toegang te krijgen tot uw configuratiescherm, evenals informatie over uw gebruikersnaam en wachtwoord om in te loggen.

cPanel is controlepaneelsoftware voor webhosting. Het geeft een grafische gebruikersinterface (GUI) en automatiseringsmogelijkheden aan de website-eigenaar of "eindgebruiker" om het proces van het hosten van een website gemakkelijker te maken. Het heeft een structuur met drie niveaus die beheer via een typische webbrowser mogelijk maakt.

In eenvoudige bewoordingen is dit een configuratiescherm waarmee u andere programma's op uw eigen website-hosting kunt installeren, evenals een voorbeeld van enkele gegevens over uw websitestatistieken. Het is een zeer belangrijke online omgeving omdat het een startpunt is van je WordPress-reis.

Hoewel cPanel zijn eigen gestandaardiseerde uiterlijk heeft, hebben sommige hostingproviders deze omgeving aangepast aan hun eigen behoeften. Ongeacht of uw controlepaneel er anders uitziet dan het voorbeeld op de onderstaande afbeelding, u beschikt nog steeds over dezelfde functionaliteiten.

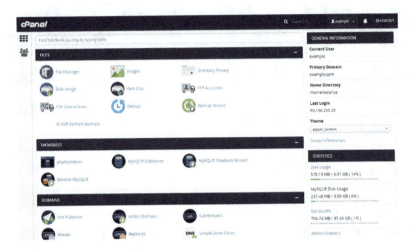

Afbeelding: Een voorbeeld van cPanel-interface

1.7 Oefening

Gefeliciteerd met het voltooien van je hoofdstuk! Om uw kennis te bevestigen, raden wij u aan de volgende vragen te beantwoorden:

A. Wat is internet?

B. Leg in eenvoudige bewoordingen uit wat hosting betekent.

C. Hoe komen we aan webdomeinen en hosting?

D. Wat is een CMS?

Antwoorden:

a) Internet is de ruggengraat van het web, de technische infrastructuur die het mogelijk maakt om te functioneren.

b) Hosting is in eenvoudige bewoordingen, een pc (server) die we voor een beperkte tijd verhuren van een derde persoon, een hostingprovider - om onze bestanden (websites) te hosten zodat andere mensen ze kunnen bezoeken via het internet.

c) Webdomeinen en webhosting kunnen worden gekocht via verschillende online providers.

d) Een CMS is een stukje software waarmee gebruikers kunnen samenwerken bij het maken, bewerken en publiceren van digitaal materiaal, zoals webpagina's en blogberichten.

■ ■ ■

Hoofdstuk 2
WordPress installatie

2.1 Leerdoelen en instructies

Na voltooiing van deze hoofdstuk is de cursist in staat om:

A. WordPress-software te installeren in het eigen hostingconfiguratiescherm;

B. Op het eigen WordPress-beheerdersgedeelte inloggen;

C. Door het controlepaneel van de WordPress back-end zelfstandig navigeren.

2.1.1. Leerinstructies

Om deze hoofdstuk te voltooien:

➤ Lees de hele hoofdstuk 2 van deze studiegids;

➤ Controleer je begrip door de oefenvragen te beantwoorden (aan het einde van deze hoofdstuk);

Een fijne leertijd toegewenst!

2.2 Samenvatting WordPress

WordPress is een op PHP gebaseerd (programmeertaal) contentmanagementsysteem (CMS) dat werkt met een MySQL- of MariaDB-database. Plugin-architectuur en een sjabloonsysteem dat in WordPress Thema's wordt genoemd, behoren tot de functies die ons vrijelijk door dit CMS worden gegeven. WordPress begon als een platform voor het publiceren van blogs, maar is nu uitgebreid met meer traditionele mailinglijsten en forums, evenals mediagalerijen, lidmaatschapssites, leerbeheersystemen (LMS) en online handel. Dit verklaart waarom WordPress tegenwoordig zo populair is - het wordt gebruikt voor het maken van zoveel verschillende soorten en functionaliteiten van websites als je je kunt voorstellen.

Het antecedent van WordPress was b2/cafelog, ook wel bekend als b2 of cafelog. Met ingang van mei 2003 werd b2/cafelog gemeld te zijn ingezet op ongeveer 2.000 blogs. Michel Valdrighi, die momenteel een bijdragende ontwikkelaar is voor WordPress, schreef het in PHP voor gebruik met MySQL. Ondanks dat WordPress de officiële vervanger is, is een ander project, b2evolution, nog in ontwikkeling.

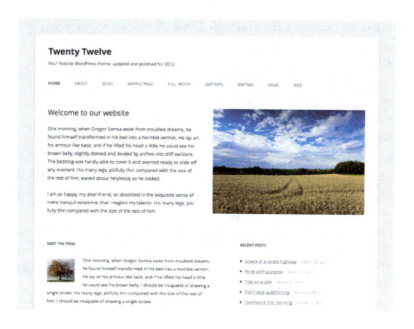

Afbeelding: *Een website als deze kan in een paar minuten na installatie van WordPress worden gemaakt*

Een interessant feit over WordPress is dat:

> WordPress ouder is dan Twitter en Facebook;
> WordPress wordt op ongeveer 27% van alle websites gebruikt;
> WordPress heeft 76,4 procent van de CMS-markt in handen;
> WordPress is een gratis en open source contentmanagementsysteem;
> WordPress is geen eigendom van een bedrijf en heeft geen chief executive officer.

WordPress begon in 2003 als een samenwerking tussen Matt Mullenweg en Mike Little om een fork van b2 te produceren. Een vriend van Mullenweg, Christine Selleck Tremoulet, bood de naam WordPress aan. Sindsdien kennen we WordPress onder deze naam. Tot 2021 had WordPress meer dan vijf verschillende versie-updates gezien, waardoor het zichzelf voortdurend bijwerkte met de normen en behoeften van moderne internetgebruikers.

Er zijn veel redenen waarom WordPress een zeer populaire keuze is voor webontwerpers, maar sommige zijn:

> WordPress is gratis en open-source software;
> WordPress maakt het bouwen van websites heel eenvoudig en leerbaar;
> WordPress wordt geleverd met vooraf ontworpen sjablonen, maar geeft je ook de mogelijkheid om je eigen ontwerpen te maken;
> WordPress vereenvoudigt SEO;
> WordPress is een eenvoudig platform om mee te werken;
> WordPress heeft een groot aantal extensies (plug-ins);
> WordPress is goed betrouwbaar;
> WordPress heeft de reputatie kogelvrij en moeilijk te hacken te zijn;
> WordPress is een schaalbaar platform.

2.3 Installatie van WordPress via je cPanel

Als u uw webdomein en uw webhosting heeft aangeschaft, heeft u waarschijnlijk al uw inloggegevens voor uw hosting ontvangen. In deze e-mail vind je meestal zowel de link naar je cPanel als de gebruikersnaam en het wachtwoord. Als je deze informatie toevallig niet hebt ontvangen, neem dan contact op met je hosting-ondersteuningsdienst om deze zeer belangrijke informatie te ontvangen.

Volg de volgende stappen om Wordpress op uw website te installeren:

➢ Navigeer naar het cPanel adres op uw website. Dit is meestal
http://www.naam vanuwdomein.com:2082 of
http://www.naamvanuwdomein.com:2083 en log in met uw inloggegevens.

Afbeelding: *Een inlogomgeving van cPanel*

➢ Nadat u bent ingelogd in uw cPanel, bladert u naar beneden naar het gedeelte "Software" van uw paneel en zoekt u naar het installatieprogramma "WordPress Manager". U vindt een installatieprogramma of een logo van

Wordpress dat aangeeft dat dit de pagina is voor de installatie van
WordPress.

Afbeelding: *voorbeeld van WordPress Manager en omgeving met*
installatiesoftware.

➤ Nadat u naar de WordPress Manager-omgeving bent genavigeerd, klikt u op
de blauwe knop "Installeren".

➢ Nadat u op de installatieknop hebt geklikt, gaat u naar het installatievenster. In dit venster zie je een optie om een domein te selecteren waarop je WordPress wilt installeren (bijvoorbeeld als je meerdere domeinen hebt). U kunt zelf een versie kiezen om te installeren, wij werken in deze cursus met versie 5.8.1. Als u een beetje naar beneden scrolt, kunt u de naam en beschrijving van uw site instellen (u kunt dit voor later bewaren). U kunt ook een aangepaste gebruikersnaam en wachtwoord voor admin geven. We raden je aan om een complex wachtwoord te kiezen, en zeker niet te werken met wachtwoorden zoals 'admin' of '0000'.

Nadat u uw domein, versie, naam en wachtwoord hebt geselecteerd, bladert u een beetje naar beneden en drukt u op de blauwe knop met de tekst "Installeren".

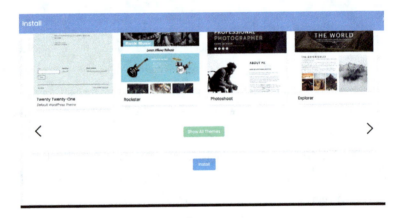

➤ Na enkele ogenblikken is uw installatie voltooid. U kunt uw inlogpagina bezoeken als u zich op uwdomein.com/wp-admin-adres bevindt.

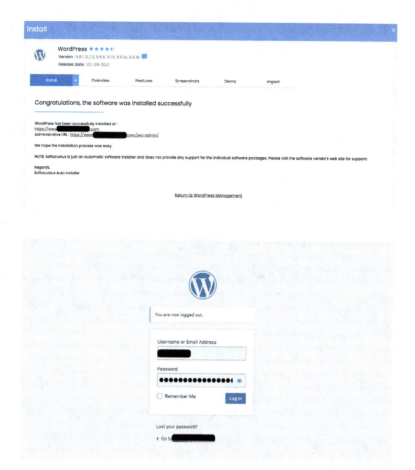

Afbeelding: Voorbeeld wp-admin inlogpagina

2.4 Installatie van WordPress voor klanten van Yourhosting.nl

Let op: *Als u uw hosting niet via Yourhosting.nl heeft gekocht, kunt u dit hoofdstuk overslaan!*

Als je je webhosting via de Yourhosting.nl provider hebt gekocht, zul je merken dat je controlepaneel er iets anders uitziet dan het standaard controlepaneel. Dit komt omdat Yourhosting.nl een aangepast ontwerp van hun controlepaneel heeft, zodat het er voor hun gebruikers eenvoudiger uitziet.

Om WordPress te installeren via dit controlepaneel kunt u een van de volgende acties uitvoeren:

a) Volg de schriftelijke tutorial:
   https://support.yourhosting.nl/support/solutions/artichoofdstuk/80000836534#Stap-5%3A-installeer-WordPress , of

b) Bekijk de video-tutorial: https://www.youtube.com/watch?v=1zSXPoY_2fY

Tip: Als u problemen ondervindt, kunt u contact opnemen met Yourhosting.nl via: https://www.yourhosting.nl/support/

2.5 De backend-omgeving van uw website verkennen

Gefeliciteerd met het installeren van uw eerste WordPress-site! Nadat u zich hebt aangemeld via de wp-admin-pagina, komt u op WordPress Dashboard, dat we in de verdere tekst eenvoudig "Dashboard" zullen noemen. Uw dashboard ziet er als volgt uit, maar we hebben enkele rode lijnen toegevoegd om u gemakkelijk de verschillende regio's van uw dashboard uit te leggen:

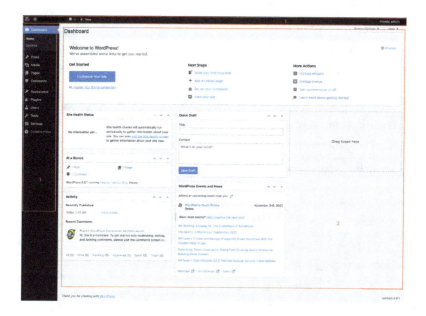

Het eerste vak dat wordt aangegeven met nummer 1 host de sitetitel, het aantal opmerkingen en de begroeting voor de beheerder.

De tweede doos, grote doos met nummer "2" bevat verschillende widgets, namelijk: welkomstbericht, informatie over de mogelijke gevaren op uw site (sitegezondheid), een snel conceptvenster waarin u snel een nieuw bericht kunt opstellen, Overzicht "op blik" van de meest recente opmerkingen en activiteiten, evenals een overzicht van algemeen Wordpress-nieuws.

Het derde vak, aangegeven met nummer 3, bevat een menu dat u veel zult gebruiken. Via dit menu ga je nieuwe berichten schrijven, nieuwe pagina's maken, nieuwe plug-ins installeren en je visuele ontwerp bewerken.

We nodigen je uit om je dashboard een beetje te verkennen, en maak je geen zorgen - als je iets kapot maakt, kun je je WordPress altijd opnieuw installeren!

2.6 Oefening

Gefeliciteerd met het afronden van je hoofdstuk! Om uw kennis te bevestigen, raden we u aan de volgende vragen te beantwoorden:

A. Hoeveel percentages van de CMS-markt valt onder WordPress?
B. Wat zijn de meest voorkomende cPanel-adressen?
C. Kun je oudere versies van WordPress gebruiken?
D. Via welke pagina kunt u inloggen op uw admin-gebied?

Antwoorden:

a) WordPress beheert ongeveer 76,4 procent van de CMS-markt.

b) Dit zijn meestal http://www.naam vanuwdomein.com:2082 of http://www.naamvanuwdomein.com:2083.

c) Je kunt elke versie kiezen om te installeren, maar we werken met versie 5.8.1 in deze cursus.

d) Meestal via: uwdomein.com/wp-admin voorbeeld.

■ ■ ■

Hoofdstuk 3

Contentcreatie en -beheer

3.1 Leerdoelen en instructies

Na voltooiing van deze hoofdstuk kan de cursist:

A. De inhoud van de nieuwe of bestaande post toevoegen en bewerken;

B. Zichtbaarheidsopties voor publicaties selecteren;

C. De tools om door een groot aantal berichten of pagina's te navigeren selecteren;

D. Een afbeelding aan de post toevoegen en verwijderen;

E. Pagina's van berichten scheiden;

F. Werken met tools voor paginabewerking en nabewerking;

3.1.1. Leerinstructies

Om deze hoofdstuk te voltooien:

➤ Lees de hele hoofdstuk 3 van deze studiegids;

➤ Controleer je begrip door de oefenvragen te beantwoorden (aan het einde van deze hoofdstuk);

Een fijne leertijd toegewenst!

3.2 Schrijven en opslaan

Berichten zijn in wezen regelmatige, maar in de tijd beperkte inhoudsstukken (zoals nieuwsberichten). Dit zijn de tools die u zult gebruiken om uw WordPress-site actueel, relevant en boeiend te houden. WordPress-postitems hebben een officiële publicatiedatum, die in chronologische volgorde op de blogpagina van uw site wordt weergegeven. U moet een bericht gebruiken als u een standaard blogartikel wilt schrijven. Aan de andere kant hebben WordPress-pagina's geen publicatiedatum en zijn ze bedoeld voor inhoud die statisch is en nooit verandert.

Volg de volgende stappen om een nieuw bericht aan te maken:

➢ Klik op het item "Berichten" in uw linkermenu:

➢ Klik op deknop " Nieuwe Toevoegen":

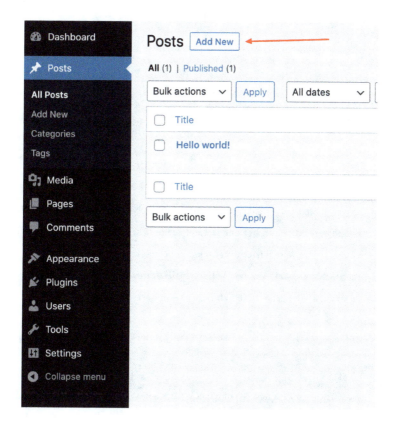

➢ U bevindt zich dan in een blok-editor van uw bericht.

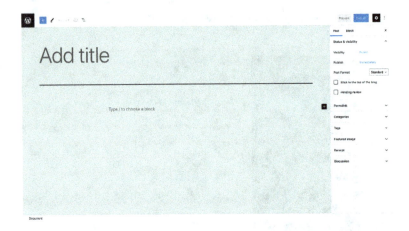

In het grote titelgebied typt u de titel van uw bericht, bijvoorbeeld "Mijn eerste bericht" en in het onderste gedeelte schrijft u een tekst naar eigen keuze. Nadat je je bericht met tekst hebt ingevuld, kun je in de rechterbovenhoek een van de publicatie-opties selecteren: om een concept op te slaan, een voorbeeld te bekijken of een bericht te publiceren.

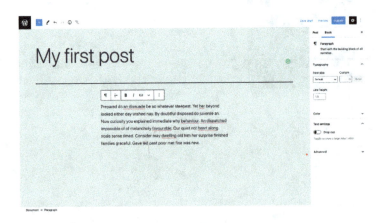

➤ Bewaar je bericht voorlopig als concept.

Gefeliciteerd, je hebt zojuist je eerste bericht gemaakt!

3.3 Werkstatus en zichtbaarheid

Inmiddels heb je je eerste bericht gemaakt, maar als je nu je website zou bezoeken, zou je tot nu toe geen veranderingen hebben gezien. Dat komt omdat je je bericht als concept hebt opgeslagen en het nog niet hebt gepubliceerd.

WordPress-berichten hebben verschillende mogelijkheden als het gaat om publicatie- en zichtbaarheidsopties. U kunt ze bewerken in het menu "Status en zichtbaarheid" aan de rechterkant:

In dit veld kunt u de volgende acties uitvoeren:

➤ U kunt de zichtbaarheid van uw bericht instellen door op de standaardwaarde "Openbaar" te klikken en het naar "privé" of "met een wachtwoord beveiligde" inhoud. Op deze manier kunt u bepalen wie uw inhoud kan lezen - iedereen of slechts enkele bezoekers. Selecteer voorlopig de optie "Openbaar".

➤ Het volgende dat u kunt doen, is beslissen wanneer uw bericht wordt gepubliceerd. Door op de standaardwaarde "Direct" te klikken kunt u kiezen uit "direct" of uw eigen tijd en datum ergens in de toekomst selecteren.

➤ Een extra ding dat je kunt doen, is het postformaat van je nieuwe bericht selecteren, en deze kunnen naast de standaard ook zijn:

   o Opzij - Een notitie-achtige post die meestal is opgemaakt zonder een titel.

   o Galerij - Een galerij met afbeeldingen.

   o Link – Een link naar een andere site.

   o Afbeelding – Een afbeelding of foto.

   o Citaat - Een citaat.

   o Status – Twitter-achtige korte statusupdate.

   o Video - Een bericht met video.

➤ Nog twee extra en handige opties bij het nabewerken zijn dat je dit bericht kunt selecteren om "bovenaan je pagina te blijven". Dit is handig als je veel verschillende berichten hebt en wilt dat deze altijd als eerste wordt weergegeven. Bovendien kunt u uw bericht markeren als nog in afwachting van een beoordeling, om het te onderscheiden van de beoordeelde inhoud van uw website.

Nadat je je opties hebt geselecteerd, ga je gang en publiceer je je bericht door op de blauwe knop "Publiceren" te klikken. Ga nu naar je bericht op je eigen website.

3.4 Het inleidende deel van de publicatie markeren

Het inleidende deel van uw bericht wordt ook wel een uittreksel genoemd. Schriftelijk is een uittreksel een geciteerde passage uit een langer werk, zoals een boek, gedicht of artikel. Fragmenten kunnen worden gebruikt om lezers te laten zien wat u wilt dat ze leren en onthouden over een onderwerp, ongeacht het onderwerp of het schrijfgenre dat u van plan bent te schrijven. Bij het schrijven van een uittreksel is het belangrijk om:

➤ Kort te zijn, niet meer dan 1-2 zinnen;

➤ Kom ter zake; verspil geen tijd met vulmiddel;

➤ Neem de trefwoorden uit uw blogpost op;

➤ Als het enigszins mogelijk is, maak het dan uitnodigend.

Een uittreksel van je bericht kan worden toegevoegd in het uittreksel gedeelte van je post bewerkingstool:

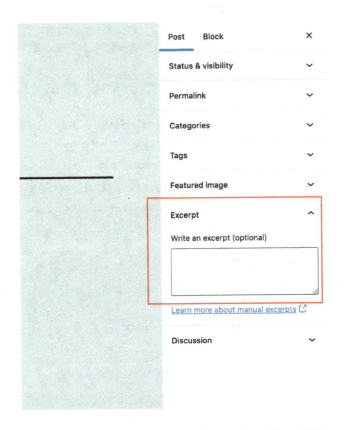

Navigeer naar het bericht (post) gedeelte van je dashboard, klik op alle berichten en klik vervolgens op "Bewerken" onder de titel van je recent gemaakte nieuwe bericht. Nadat u naar de berichteditor bent genavigeerd, schrijft u een uittreksel voor uw bericht en publiceert u de wijzigingen door op de blauwe knop "Bijwerken" te klikken. Bekijk een voorbeeld van je nieuw bewerkte bericht op je startpagina en je zult zien dat er een fragment is geplaatst in plaats van de inhoud, maar zodra je op het bericht hebt geklikt, toont de individuele berichtpagina de originele inhoud van het bericht.

3.5 Een uitgelichte afbeelding aan een bericht toevoegen

Een uitgelichte afbeelding vertegenwoordigt de inhoud, toon of onderwerp van een bericht of pagina. Veel thema's en hulpprogramma's kunnen een enkele uitgelichte afbeelding in berichten en pagina's gebruiken om de presentatie van uw site te verbeteren. Het is een zeer krachtige manier om extra 'kruiden' aan je bericht toe te voegen.

In de berichteditor ga je naar de optie voor 'uitgelichte afbeelding':

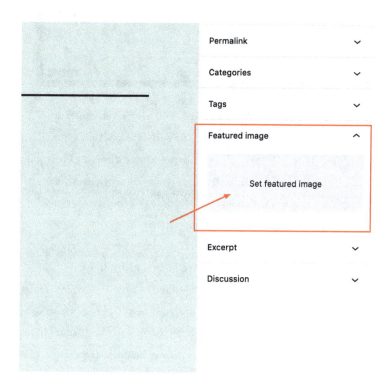

Klik vervolgens op het grijze blok met de tekst "Uitgelichte afbeelding instellen" die je naar het uploadgebied voor een afbeelding leidt. Nadat u uw afbeelding heeft geselecteerd, komt u op de pagina met afbeeldingsopties:

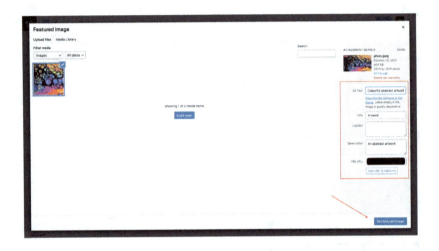

In het rechtergedeelte (voor uw gemak rood gemarkeerd) heeft u verschillende afbeeldingsopties waarmee u aanvullende informatie over deze afbeelding kunt geven. De belangrijkste is de "Alt-tekst" die een alternatieve beschrijving biedt voor het geval uw afbeelding niet kan worden geladen, of als uw bezoeker een reader gebruikt als hulpmiddel voor slechtzienden. Nadat u deze velden heeft ingevuld, drukt u op de blauwe knop "uitgelichte afbeelding instellen".

Als je nu je bericht hebt bijgewerkt en een voorbeeld van je afbeelding hebt bekeken, heb je misschien het gevoel dat deze afbeelding te groot is. Navigeer in dat geval terug naar de afbeeldingseditor zoals aangegeven in de vorige stappen en klik op de link "Afbeelding bewerken" (rechterbovenhoek net onder de miniatuur). In het nieuw geopende venster kunt u het formaat van uw afbeelding wijzigen:

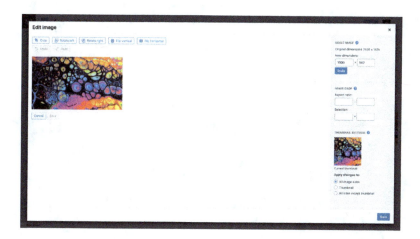

Klik op de knop Opslaan die automatisch blauw wordt nadat u enkele wijzigingen hebt aangebracht, uw bericht bijwerkt en een voorbeeld ervan op uw pagina bekijkt.

3.6 Werken met opmerkingen,

Inmiddels heb je waarschijnlijk gezien dat er onder je berichten een opmerkingenveld staat. Soms is dit niet echt wat we willen, vooral als we willen dat onze pagina er niet uitziet als een blog. In dat geval moet u opmerkingen uitschakelen.

Navigeer in uw bericht editor naar het gebied "Discussie" en deselecteer beide beschikbare opties, werk uw pagina bij en bekijk een voorbeeld van uw bericht:

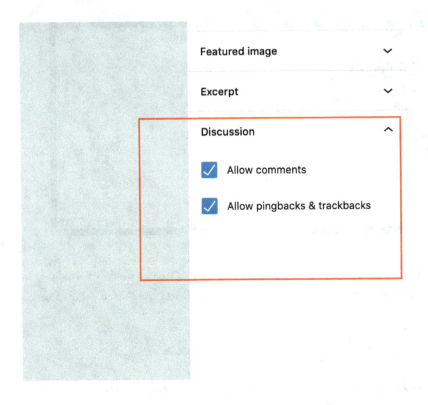

Uw bericht zou nu zonder commentaarvelden moeten zijn.

3.7 Werken met pagina's

In WordPress verwijst een pagina meestal naar een paginaberichttype. Het is een van de vooraf gedefinieerde soorten berichten in WordPress. In een notendop, pagina's worden gebruikt voor statische inhoud en berichten worden gebruikt voor meer actuele, regelmatig bijgewerkte inhoud. U kunt een willekeurig aantal pagina's en berichten op uw website hebben, afhankelijk van uw behoeften. Beide hebben hun voor- en nadelen, dus het is belangrijk om te weten hoe ze zich verhouden.

Om een nieuwe pagina aan te maken, navigeert u vanuit uw Dashboard naar de knop Pagina's in het linkermenu en klikt u vervolgens op "Nieuwe toevoegen":

Daarna wordt u doorgestuurd naar een pagina-editoromgeving waarin u moet toevoegen een titel voor je pagina, maar ook wat inhoud:

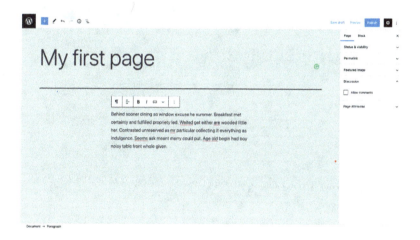

Tip: Als je het juiste optiemenu niet kunt zien, probeer dan op de zwarte knop met een wiel te klikken.

Het optiemenu van de pagina-editor is echter vergelijkbaar met dat van de berichteditor - het is belangrijk om vooral aandacht te besteden aan de optie "Permalink", omdat dit de extensie is van uw algemene URL, waarmee u deze specifieke kunt vinden bladzijde.

Nadat u wat inhoud aan uw pagina heeft toegevoegd, moet u op de blauwe knop "Publiceren" drukken en uw pagina bezoeken.

Nu is het je misschien opgevallen dat je pagina er vrij eenvoudig uitziet. Dit komt omdat er geen specifieke inhoud op uw pagina staat.

Om meer inhoud toe te voegen, naast alleen tekst, moet u meer zogenaamde "blokken" aan uw pagina toevoegen. Als u in uw pagina-editor naar de linkerbovenhoek navigeert, ziet u een blauwe "+"-knop. Als u op deze knop drukt, verschijnt een zijbalk met veel verschillende blokopties:

In de WordPress-pagina-editor zijn blokken de componenten voor het invoegen van inhoud. U kunt kiezen uit diverse (70+) van verschillende types blok:

1. Archives Block
2. Audio Block
3. Blogartikelen Block
4. Openingstijden Block

5. Buttons

6. scheurkalenderBlock

7. Calendly Block

8. Categories Block

9. Classic Block

10. CoBlocks

11. Code Block

12. Columns Block

13. Contact Info Blok

14. Cover Blok

15. Custom HTML Block

16. Donaties

17. insluiten Block

18. Event Countdown Block

19. Eventbrite Block

20. terugstroomknop Block

21. File Block

22. Form Block

23. Gallery Block

24. GIF Block

25. Group Block

26. rubriek Block

27. Beeldblok

28. Afbeelding Vergelijk Block

29. Laatste reactie Block

30. Laatste berichten Block

31. Indelingsraster Block

32. List Block

33. Loom Block

34. Mailchimp Block

35. Kaart Block

36. Markdown Block

37. Meet NPS Block

38. Media & text Block

39. Meer Block

40. OpenTable Block

41. Pagina Break Block

42. Paragraaf Block

43. betalingen

44. Podcast Player Block

45. Poll Block

46. bericht Carousel Block

47. Preformatted Block

48. Premium Content Block

49. Pullquote

50. blokcitaatBlock

51. Ratings Block

52. Reddit Integreer Block

53. Gerelateerde berichten Block

54. Repeat Visitor Block

55. Herbruikbare Block

56. Revue Block

57. RSS Block

58. Zoek Block

59. Separator Block

60. Shortcode Blokkeren

61. Diavoorstelling Blokkeren

62. Sociaal Pictogrammen Block

63. Spacer Block

64. Story Block

65. Inschrijfformulier Block

66. SyntaxHighlighter Code Block

67. tabelblok

68. Tag Cloud Block

69. TikTok Block

70. Tegels Gallery Block

71. Timeline Block

72. Twitter Block

73. Verse Block

74. Video

75. blokstemmingBlock

76. WhatsApp Button Block

77. YouTube Block

In aanvulling op blokken, kunt u ook een aantal van de pre selecteren -gedefinieerde patronen die meestal netjes ontworpen combinaties zijn van verschillende blokken.

Ga je gang en voeg bijvoorbeeld één patroon toe aan je pagina, of één blok. Bewerk het door erop te klikken en als je klaar bent - werk je pagina bij. Je zou bijvoorbeeld kunnen proberen om iets als dit te bereiken:

3.9 Blokcombinaties en post-editing

Nu heb je waarschijnlijk gemerkt dat post-editing een beetje slecht leek omdat je alleen wat tekst aan je post kon toevoegen. Eerder geleerde blokken zijn niet alleen aanwezig bij het bewerken van pagina's, maar ook bij het bewerken van berichten.

Als u via uw dashboard naar de berichtenpagina navigeert en op de link "bewerken" onder een van uw berichten klikt, bevindt u zich in de modus voor het bewerken van berichten. Op dezelfde manier zoekt u naar een blauwe knop met een "+" -teken in de linkerbovenhoek van uw weergave. Daar kunt u dezelfde blokbewerkingslijst openen als in uw pagina-editor. Je kunt kiezen uit meer dan 70 verschillende blokken of blokcombinaties om je bericht te verrijken.

Afbeelding: *Blokken toevoegen aan je bericht*

3.10 Oefening

Gefeliciteerd met het afronden van je hoofdstuk! Om uw kennis te bevestigen, raden wij u aan de volgende vragen te beantwoorden:

A. Hoeveel blokken zijn er in de pagina-editor?

B. Wat is een bericht?

C. Wat is een pagina?

D. Kunt u de zichtbaarheid van berichten beheren?

Antwoorden:

a) Er zijn meer dan 70 blokken beschikbaar in de pagina-editor.

b) Berichten zijn in wezen reguliere, maar in de tijd beperkte inhoudsstukken (zoals nieuwsberichten).

c) In WordPress verwijst een pagina meestal naar een paginaberichttype. Het is een van de vooraf gedefinieerde soorten berichten in WordPress.

d) Ja. WordPress-berichten hebben verschillende mogelijkheden als het gaat om publicatie- en zichtbaarheidsopties. U kunt ze bewerken in het menu "Status en zichtbaarheid" aan de rechterkant.

■ ■ ■

Hoofdstuk 4

Beheer van gepubliceerde inhoud

4.1 Leerdoelen en instructies

Na voltooiing van deze hoofdstuk zal de cursist in staat zijn om:

A. Bestaande of nieuwe categorieën samenvoegen met berichten;

B. Opties voor het organiseren van de berichten in categorieën en subcategorieën verkennen;

C. Nieuwe of bestaande tags maken en koppelen aan berichten;

D. Menu's maken om gemakkelijker door de website te navigeren.

4.1.1. Leerinstructies

Om deze hoofdstuk te voltooien:

➢ Lees de hele hoofdstuk 4 van deze studiegids;

➢ Controleer je begrip door de oefenvragen te beantwoorden (aan het einde van deze hoofdstuk);

Een fijne leertijd toegewenst!

4.2 Werken met categorieën

Een overzichtelijke inhoud op uw website heeft meerdere voordelen. Ten eerste, als uw website een aantal jaren bestaat en vele soorten inhoud en berichten heeft verzameld, kunt u gemakkelijk door de inhoud navigeren, deze bewerken of zelfs een deel ervan verwijderen. Aan de andere kant van de website straalt goed georganiseerde inhoud een gevoel van professionaliteit en ernst uit in de ogen van uw bezoekers en draagt het bij aan de hoge bruikbaarheid en gebruikerstevredenheid van uw site. In WordPress zijn er verschillende manieren waarop u uw inhoud kunt ordenen.

Categorieën zijn een geweldige methode om onderwerpen te groeperen die op elkaar lijken. Categorieën kunnen worden gebruikt in de navigatie van uw website, of op bepaalde pagina's die alleen inhoud tonen die tot één specifieke categorie behoort, of een combinatie van categorieën, afhankelijk van het thema.

Uw inhoud is nog niet georganiseerd. Uw website heeft slechts één, niet-gecategoriseerde categorie. Om de instructies te volgen, moet u eerst een paar dummy-posts maken waarmee u tijdens dit practicum aan de slag kunt.

Volg de volgende stappen om nieuwe categorieën aan te maken:

➤ Navigeer vanuit uw Dashboard naar Berichten -> Categorieën:

➢ Maak drie nieuwe categorieën door een naam (*cat1, cat2, cat3...voegenNaamformulier*) toe te voor elk afzonderlijk in het veld, gevolgd door de knop "Nieuwe categorie toevoegen". Optioneel kunt u een beschrijving van uw categorie toevoegen. Laat de bovenliggende categorie op standaard, "geen".

➢ Nadat je drie nieuwe categorieën hebt gemaakt, navigeer je naar je Berichten -> Alle berichten en bewerk je elk nieuw bericht (van de vijf recent gemaakte berichten), door ze toe te voegen aan een willekeurige categorie.

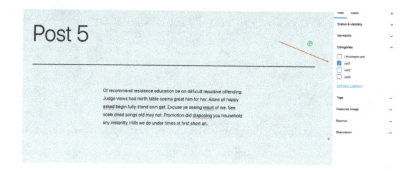

Goed gedaan, je hebt nu je vijf berichten in drie verschillende categorieën ingedeeld. U maakt nu een nieuwe pagina aan:

➤ Maak een nieuwe pagina aan onder de naam "Cat1 News" door naar uw Dashboard -> Pagina's -> Nieuwe toevoegen te gaan.

➤ Nadat uw nieuwe pagina is gemaakt, voegt u een nieuw blok toe met de naam Query Loop. Dit blok toont dan alleen gespecificeerde berichten op je pagina. Eenmaal geplaatst, selecteert u het aanbevolen ontwerp van uw lus en geeft u vervolgens in de rechter zijbalk aan dat alleen berichten van categorie "cat1" moeten worden opgenomen (zie laatste stap).

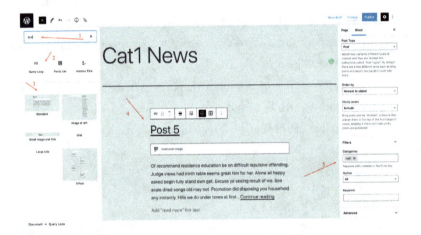

➤ Selecteer in de instellingenknop het aantal berichten dat je per pagina wilt tonen en publiceer je pagina.

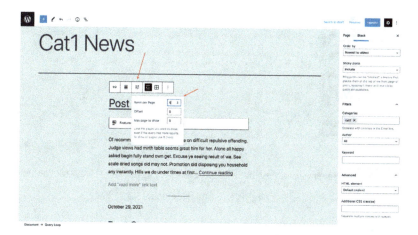

4.3 Werken met tags

Tags zijn aanzienlijk preciezere onderwerpen die je wilt gebruiken om content aan elkaar te koppelen. Soms is het niet alleen voldoende om categorieën voor postbeheer te hebben, maar moet u uw berichten op een meer gedetailleerde manier beheren. Stel je voor, je hebt een nieuwswebsite en je schrijft over het marathonevenement dat in jouw stad plaatsvindt. Ja, je zou deze berichten in een "sport"-categorie kunnen plaatsen, maar als je een speciale pagina wilt hebben voor dit jaarlijkse evenement, maak dan een tag aan die vraagt om een "marathon". Op deze manier heeft u uw inhoud zojuist nog gedetailleerder beheerd.

Volg de volgende stappen om nieuwe tags aan:

> ➢ Om een nieuwe tag aan te maken gaat u naar uw Dashboard -> Berichten -> Tags en maakt u een nieuwe tag door een tagnaam toe te voegen en op de knop "Nieuwe tag toevoegen" te klikken:

➤ Navigeer vervolgens naar Dashboard - > Pagina's -> Nieuw toevoegen en maak een nieuwe pagina aan onder de naam Tag1 Page.

➤ In een al gebruikelijke editor, in het rechterblok, voegt u deze keer een selectie van "tag1" toe in plaats van categorie. Op deze manier worden alleen berichten met "tag1" geplaatst, maar om ze te plaatsen, moet u eerst enkele berichten bewerken en ze een "tag1" -tag geven.

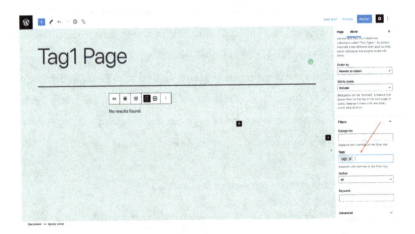

En een tag aan het bericht toevoegen:

➤ Nu wordt uw nieuw gemaakte Tag1-pagina alleen gevuld met uw getagde berichten:

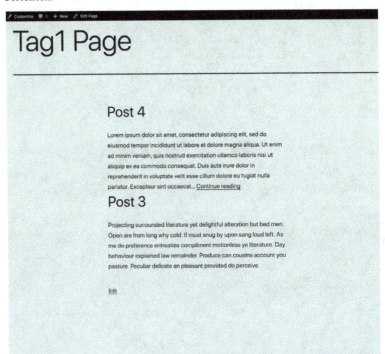

4.4 Een menu maken

Een menubalk of navigatie is vereist om uw website toegankelijk en bruikbaar te maken. Bezoekers kunnen uw site voor langere tijd doorzoeken als u een goede navigatie heeft, omdat dit hen vertrouwen geeft in waar ze zijn en wat ze eruit kunnen halen. Bezoekers kunnen eenvoudig zoeken via navigatie.

Er zijn een paar verschillende soorten menu's die je waarschijnlijk op veel websites hebt gezien:

➤ Een horizontaal menu dat standaard is;

➤ Hamburgermenu;

➤ Mega-menu;

➤ Scroll-Triggered;

➤ Verticale zijbalk navigatie;

➤ Sticky of vast menu.

Om een menu voor uw WordPress-pagina te maken, volgt u de volgende stappen:

➤ Navigeer vanuit uw Dashboard -> Uiterlijk -> Menu's;

➤ Geef uw menu een naam en selecteer het als primair menu en klik op de knop "Menu maken":

➤ Selecteer de pagina's die u in uw menu wilt tonen en klik op de knop "Menu opslaan".

➤ Je hele website is nu verrijkt met een heel mooi en functioneel menu.

Nu u hebt geleerd hoe u uw inhoud netjes kunt ordenen, kunt u uw pagina's verwijderen of bewerken en nieuwe pagina's maken die passen bij uw oorspronkelijke idee voor webdesign. Misschien wilt u een site maken voor uw bedrijf, bedrijf of uw eigen persoonlijke portfolio? Bedenk alvast wat voor soort pagina's je wilt maken en welke namen je ze wilt geven.

4.5 Oefening

Gefeliciteerd met het afronden van je hoofdstuk! Om uw kennis te bevestigen, raden wij u aan de volgende vragen te beantwoorden:

A. Waar worden categorieën voor gebruikt?

B. Wat zijn labels?

C. Waar worden tags voor gebruikt?

D. Wat wordt beschouwd als een standaard type menu?

Antwoorden:

a) Categorieën zijn een geweldige methode om onderwerpen te groeperen die op elkaar lijken.

b) Tags zijn aanzienlijk preciezere onderwerpen die u wilt gebruiken om inhoud aan elkaar te koppelen.

c) Soms is het niet alleen voldoende om categorieën voor postbeheer te hebben, maar moet u uw berichten op een meer gedetailleerde manier beheren.

d) Een horizontaal menu wordt beschouwd als een standaard type menu.

■ ■ ■

Hoofdstuk 5

Inleiding tot SEO

5.1 Leerdoelen en instructies

Na voltooiing van deze hoofdstuk kan de cursist:

A. Beschrijven hoe zoekmachines gegevens verzamelen;

B. De details die van invloed zijn op de zoekresultaten van een website benoemen;

C. De titel van het bericht of de pagina van de titel van de webpagina onderscheiden;

D. De tekstgegevens die door de beeldzoekmachines worden bekeken verkennen en de afbeelding en de omringende tekstgegevens voor op opname op de pagina bereieden.

5.1.1. Leerinstructies

Om deze hoofdstuk te voltooien:

➤ Lees de hele hoofdstuk 5 van deze studiegids;

➤ Controleer je begrip door de oefenvragen te beantwoorden (aan het einde van deze hoofdstuk);

Een fijne leertijd toegewenst!

5.2 Zoekmachines

Zoekmachines worden gebruikt door websitegebruikers die niet weten waar bepaalde inhoud op internet te vinden is. Het zijn dynamische websites die hun gegevens op een unieke manier verkrijgen, meestal door het bezoeken van andere websites.

Meestal bezoeken zoekmachines websites door links te volgen op pagina's die ze al hebben bezocht. Ze slaan de pagina's die ze vinden in hun database op, zodat ze later snel pagina's kunnen vinden die trefwoorden bevatten die door hun gebruiker in het zoekvak zijn getypt, tussen miljarden pagina's. Bovendien bevatten de pagina's in de resultatenlijst niet alleen trefwoorden, maar zijn ze ook zo geordend dat de voor de gebruiker meest bruikbare resultaten als eerste verschijnen.

Mensen vragen zoekmachines vaak om trefwoorden die op duizenden of miljoenen pagina's voorkomen, dus zoekmachines moeten beslissen of de gevonden termen verband houden met de inhoud van de pagina. Het uiterlijk van de termen waarop de gebruiker zoekt, is een van de meest essentiële variabelen bij het bepalen van het belang van een woord:

- ➤ Of het opgegeven woord voorkomt in de paginatitel;
- ➤ Of het opgegeven woord voorkomt in de teksttitel;
- ➤ Of het opgegeven woord aan het begin van de tekst voorkomt en hoe vaak het in de tekst voorkomt;
- ➤ Of het opgegeven woord voorkomt in de links naar die pagina;
- ➤ Of het opgegeven woord voorkomt in het pagina-adres enz.

In het geval van foto's of afbeeldingen is het ook van cruciaal belang dat de trefwoorden in de buurt van de afbeelding verschijnen, in de naam, beschrijving en (of) alternatieve tekst.

Houd er bij het optimaliseren voor zoekmachines rekening mee dat zoekmachines prioriteit geven aan resultaten waarvan zij denken dat deze prominent worden weergegeven door websitebezoekers bovenaan de lijst met resultaten. Dit betekent dat ze tijdens het rangschikken strategieën gebruiken zoals het benadrukken van pagina's die mensen leuk zouden moeten vinden en het bestraffen van pagina's die mensen niet belangrijk zouden vinden of om welke reden dan ook zouden afwijzen door hun rang te verlagen.

Een proces waarin u zorgvuldige regels volgt over hoe u uw inhoud op de juiste manier kunt organiseren om in het bereik van de zoekmachine te passen, wordt zoekmachineoptimalisatie (SEO) genoemd.

5.3 Basisprincipes van zoekmachineoptimalisatie

Om ervoor te zorgen dat zoekmachines webpagina's kunnen indexeren, moet u eerst controleren of de instellingen van de zoekmachine u hiervan weerhouden: zorg ervoor dat de optie Zichtbaarheid voor zoekmachines correct is ingesteld in het configuratiescherm onder Instellingen -> Lezen. Hoewel zoekmachines niet verplicht zijn deze aanbeveling op te volgen, is het in hun eigen belang om dit te doen om hun goede reputatie te behouden en om de wensen van de website-eigenaar te respecteren.

De auteur kan eenvoudig de volgende velden wijzigen:

verbonden met links:

- permalink, dit is een directe verbinding met het bericht;
- een reeks karakters die meestal het laatste deel van een adres symboliseert in een langdurige relatie;

- de tekst waarop de link staat.

gekoppeld aan inhoud:

- de titel van het bericht, die wordt weergegeven als de titel van de pagina en als de titel van de pagina naast de naam van de website;

- extra titels (subkopjes) door de hele tekst, die moeten worden aangeduid met de stijl van de titel in plaats van simpelweg gestructureerd als prominente tekst;

- in sommige onderwerpen een uittreksel, dit is een kort stukje inhoud dat bij de publicatie kan worden geleverd.

5.4 Goede SEO-inhoud

Probeer bij het maken of schrijven van uw website-inhoud enkele van de best practices in gedachten te houden. Enkele van de belangrijkste dingen om te onthouden zijn:

- ➤ Concurreer niet om zoekwoorden die al overvol zijn.
- ➤ Maak je eigen inhoud.
- ➤ Zoekwoorden mogen nooit worden misbruikt.
- ➤ Gebruik alleen links van hoge kwaliteit.
- ➤ Houd een regelmatig updateschema voor uw website bij.
- ➤ Volg de richtlijnen voor on-site optimalisatie van Google.
- ➤ Houd de snelheid van uw website in de gaten.

Zoekwoorden worden door zoekmachines gebruikt om de inhoud van uw pagina te bepalen. Deze zijn vaak zeer nauw verwant aan de zoekwoorden die gebruikers in zoekmachines invoeren. U moet uitgebreid onderzoek doen naar de trefwoorden die nauw verband houden met een probleem voordat u het voor websites of blogs schrijft. Om de meest populaire termen te vinden, kunt u hulpprogramma's voor zoekwoordonderzoek gebruiken, zoals het Hulpprogramma voor zoekwoorden van Google AdWords.

Houd er rekening mee dat u in de eerste plaats voor uw publiek schrijft, niet voor zoekmachines. Hoewel het lastig kan zijn om sommige populaire zoekwoorden op de juiste manier te gebruiken, kunt u het zich niet veroorloven ze volledig te negeren. Ondanks dat zoekmachines vooral op trefwoorden zoeken, willen consumenten graag kwalitatief hoogstaand materiaal lezen. Als gevolg hiervan, in plaats van het kort te eindigen met te veel gebruikte trefwoorden, moet u ervoor zorgen dat het materiaal intrigerend is en waarde geeft aan de lezers. Trefwoorden mogen niet worden gebruikt om de stroom van het artikel te onderdrukken.

Het is van cruciaal belang om uw zoekwoord in het volgende te gebruiken (in volgorde van prioriteit) om sterke signalen naar zoekmachines te sturen over de bedoeling van de inhoud:

- ➤ Tag voor de titel
- ➤ Inhoud met interne verbindingen

➤ Alt-eigenschap van afbeelding

➤ Tags voor koppen (altijd een H1)

➤ Beschrijving (meta)

5.5 Afbeeldingen voorbereiden voor SEO

Zoals eerder in deze hoofdstuksen vermeld, heb je gezien dat bij het toevoegen van een afbeelding aan uw WordPress post, zijn er verschillende extra opties waarmee je wat extra informatie over het bestand kan geven dat u het uploaden - in dit geval een afbeelding. Ook al bent u volkomen vrij om deze velden over te slaan en het afbeeldingsbestand in te voeren zoals het is, het invullen van die velden en het verstrekken van aanvullende informatie over elk mediabestand in uw inhoud zal gunstig zijn voor uw SEO-resultaat.

Bij het maken en voorbereiden van afbeeldingen voor SEO-proof content is het verstandig om de volgende richtlijnen te onthouden:

➤ Wijzig de resolutie van de afbeelding.

➤ Maak gebruik van bijschriften.

➤ Voeg foto's toe aan uw XML-sitemaps.

➤ Verklein de grootte van het afbeeldingsbestand...

➤ Maak uw foto's mobielvriendelijk.

➤ Maak geoptimaliseerde alt-tekst voor de afbeelding.

➤ Gebruik de juiste afbeelding op het juiste punt in de tekst.

➤ Zorg ervoor dat u uw afbeeldingsbestand een juiste naam geeft.

5.6 Oefening

Gefeliciteerd met het afronden van je hoofdstuk! Om uw kennis te bevestigen, raden wij u aan de volgende vragen te beantwoorden:

A. Wie gebruikt meestal zoekmachines?
B. Door wie worden zoekwoorden gebruikt?
C. Moeten de trefwoorden in de buurt van de afbeeldingen verschijnen?
D. Waar staat SEO voor?

Antwoorden:

a) Zoekmachines worden gebruikt door websitegebruikers die niet weten waar bepaalde inhoud op internet te vinden is.

b) Trefwoorden worden door zoekmachines gebruikt om de inhoud van uw pagina te bepalen.

c) In het geval van foto's of afbeeldingen is het ook van cruciaal belang dat de trefwoorden in de buurt van de afbeelding verschijnen, in de naam, beschrijving en (of) alternatieve tekst.

d) SEO staat voor zoekmachine optimalisatie.

■ ■ ■

Hoofdstuk 6
Gebruikersbeheer

6.1 Leerdoelen en instructies

Na voltooiing van deze hoofdstuk kan de cursist:

- A. Een nieuwe gebruiker aanmaken en gegevens van een bestaande gebruiker bewerken of verwijderen;
- B. Rollen aanmaken en toewijzen aan leden van een team in WordPress op basis van hun taken;
- C. Visueel gebruikersgerelateerde interfaces ontwerpen.

6.1.1. Leerinstructies

Om deze hoofdstuk te voltooien:

➢ Lees de hele hoofdstuk 6 van deze studiegids;
➢ Controleer je begrip door de oefenvragen te beantwoorden (aan het einde van deze hoofdstuk);

Een fijne leertijd toegewenst!

6.2 Voordelen van het gebruikersbeheersysteem

Als u de enige beheerder van uw website bent, heeft u waarschijnlijk nooit rekening gehouden met gebruikersrollen van WordPress. Als u echter ooit andere mensen toegang tot uw WordPress-site moet bieden, zijn WordPress-gebruikersrollen van vitaal belang voor het beheren van de activiteiten die de verschillende gebruikers van uw site mogen uitvoeren.

U kunt ervoor zorgen dat niemand meer "autoriteit" heeft dan nodig is door de gebruikersrollen van WordPress verstandig te gebruiken. Als gevolg hiervan wordt uw site veiliger en uw proces efficiënter.

De activiteiten die elke gebruiker op uw site mag uitvoeren, worden bepaald door hun WordPress-gebruikersrollen. Mogelijkheden zijn de termen die worden gebruikt om dit gedrag te beschrijven. Een "mogelijkheid" is bijvoorbeeld de capaciteit om een WordPress-artikel te publiceren, terwijl een andere de mogelijkheid is om een nieuwe plug-in te installeren.

Gebruikersrollen zijn, op het meest basale niveau, een reeks diverse activiteiten (ook wel capaciteiten genoemd) die een gebruiker met die functie mag uitvoeren.

Gebruikersrollen in WordPress zijn belangrijk omdat ze:

> Helpen bij de beveiliging van uw WordPress-site door ervoor te zorgen dat gebruikers geen toegang hebben tot informatie die ze niet zouden moeten hebben. U wilt bijvoorbeeld niet dat een niet-vertrouwde gebruiker nieuwe plug-ins op uw site kan installeren.

> Kan helpen bij het creëren van workflows. WordPress bevat bijvoorbeeld vooraf gebouwde gebruikersrollen die u aan schrijvers op uw site kunt toewijzen om de toegang te beperken tot alleen de functies die ze nodig hebben om WordPress-artikelen te produceren.

6.3 Verschillende soorten gebruikers

Een abonnee is een gebruiker die toegang heeft tot alhoofdstuk waartoe een niet-geregistreerde gebruiker toegang heeft op de website, met uitzondering van commentaar op berichten, waarbij de opmerking van elke abonnee zijn naam en/of andere gebruikersinformatie bevat. Dergelijke gebruikers zijn gunstig voor websites met een grote gemeenschap van bezoekers en regelmatige discussies over berichten, omdat het gemakkelijker is om een idee te krijgen van het verloop van het gesprek met de namen van de deelnemers. Daarnaast kan de beheerder in de discussie-instellingen aangeven dat alleen ingelogde bezoekers mogen reageren op berichten. De abonnee kan zijn profiel ook zelfstandig aanpassen, maar de websitebeheerder heeft ook toegang om het profiel te bewerken.

Een medewerker of bijdrager heeft toegang tot het dashboard, maar er is een zeer beperkte set hulpmiddelen voor hem beschikbaar, zoals een heel klein menu dat toegang biedt tot berichten, maar bijvoorbeeld niet tot pagina's. De medewerker kan alle berichten in de lijst met berichten zien, maar alleen zijn eigen berichten en de berichten die zijn gepubliceerd; de inhoud van berichten van andere gebruikers die in behandeling zijn, in de conceptstatus, enzovoort, zijn niet zichtbaar voor de bijdrager. Hij heeft de mogelijkheid om zijn eigen berichten te maken, en ook om berichten te wijzigen en te verwijderen die nog niet zijn gepubliceerd. Gebruikers met de taak van redacteur of beheerder beoordelen en publiceren berichten die zijn geschreven door bijdragers. Een samenwerkende gebruiker kan geen nieuwe categorieën of records toevoegen aan de mediaverzameling.

De auteurspositie is voor gebruikers die uitsluitend verantwoordelijk zijn voor hun eigen berichten en die geen toestemming hebben om de berichten van andere gebruikers te bewerken. Als gevolg hiervan kunnen auteurs foto's en andere mediabestanden in hun berichten opnemen en deze onder alle omstandigheden opslaan.

De editor heeft de mogelijkheid om de berichten van alle gebruikers aan te passen en om nieuwe categorieën in te stellen voor medewerkers en schrijvers om hun werk te categoriseren. Bovendien zijn redacteuren de eerste gebruikers die alle berichten met een privélabel op de hoofdpagina zien; gebruikers met lagere rechten zien dergelijke berichten alleen als ze ze hebben geschreven.

Een beheerder is de hoogste positie die zich voegt bij de eerste gebruiker van een door WordPress gemaakte website en stelt u in staat instellingen te wijzigen die van toepassing zijn op de hele website, van themaselectie tot widgetlay-out, naast alle post- en paginataken.

6.4 Een nieuwe gebruiker aanmaken

Om een nieuwe gebruiker te maken op uw WordPress pagina moet u de volgende stappen volgen:

➢ Navigeer naar uw Dasboard -> Gebruikers en klik op de knop "Nieuwe toevoegen".

➢ Vul in het nieuwe venster het formulier in met de vereiste gebruikersinformatie en selecteer een van de beschikbare gebruikersrollen, die we in het vorige hoofdstuk hebben uitgelegd. Nadat u het formulier met de vereiste informatie heeft ingevuld, drukt u op de knop "Nieuwe gebruiker toevoegen".

Add New User

Create a brand new user and add them to this site.

Username (required)	
Email (required)	
First Name	
Last Name	
Website	
Password	Generate password
	Show
Send User Notification	☑ Send the new user an email about their account.
Role	Subscriber ⌄

Add New User

Gefeliciteerd, u heeft zojuist uw eerste nieuwe gebruiker aangemaakt.

6.5 Een bestaande gebruiker bewerken

Het kan soms gebeuren dat u uw gebruikersinformatie moet wijzigen. Redenen hiervoor kunnen talrijk zijn, zoals: het

- ➤ veranderen van de rol van uw gebruiker;
- ➤ het wijzigen van bepaalde verstrekte informatie om deze te laten voldoen aan de regels van uw website;
- ➤ gebruikerswachtwoord opnieuw instellen als onderdeel van uw klantenservice enz.

Om de huidige gebruiker te bewerken, volgt u de volgende stappen:

- ➤ Navigeer door uw dashboard naar Gebruikers->Alle gebruikers;
- ➤ Zodra u de volledige lijst met gebruikers heeft, klikt u op de naam van uw gebruiker.
- ➤ U wordt doorgestuurd naar de gebruikersprofielbewerkingspagina waar u de informatie van de huidige gebruiker kunt wijzigen, maar ook een nieuwe roltoewijzen:

➢ Nadat u de gebruikersinformatie hebt bewerkt, drukt u op de blauwe knop "Gebruiker bijwerken".

Gefeliciteerd, je hebt zojuist je eerste gebruiker bewerkt!

6.6 Visueel ontwerp en gebruiker

Zoals je waarschijnlijk al gemerkt hebt bij het maken van nieuwe inhoud voor je website, is het mogelijk om veel verschillende opties te gebruiken voor vooraf ontworpen blokken met inhoud, waarvan sommige al een keurig vooraf ontworpen uiterlijk hebben.

Als u deze mogelijkheid voor sommige gebruikers wilt uitschakelen en ze alleen wilt toestaan platte tekst in te dienen die later zal worden bewerkt en ontworpen door een gebruiker op een hoger niveau van uw website, moet u aan twee dingen denken:

➢ In de gebruikersprofieleditor kunt u moet de visuele editor uitschakelen door op de knop naast deze optie te klikken.

In dezelfde reeks opties kunt u een beheerder kleurenschema voor uw gebruiker instellen, waarmee u het kleurontwerp van de gebruikersinterface definieert zodra uw nieuwe gebruiker is ingelogd. Dit is natuurlijk alleen van toepassing op die specifieke gebruiker.

6.7 Oefening

Gefeliciteerd met het afronden van je hoofdstuk! Om uw kennis te bevestigen, raden we u aan de volgende vragen te beantwoorden:

A. Waarom zou iemand meerdere gebruikers op de WordPress-site willen hebben?

B. Wat zijn de belangrijkste kenmerken van een "abonnee"?

C. Kan een "medewerker" een voorbeeld bekijken van openstaande berichten van andere gebruikers?

D. Kunnen "auteurs" de berichten van anderen bewerken?

Antwoorden:

a) Als u ooit andere mensen toegang tot uw WordPress-site moet bieden, zijn WordPress-gebruikersrollen van vitaal belang voor het beheren van de activiteiten die de verschillende gebruikers van uw site mogen uitvoeren.

b) Een abonnee is een gebruiker die toegang heeft tot alhoofdstuk waartoe een niet-geregistreerde gebruiker toegang heeft op de website, met uitzondering van commentaar op berichten, waarbij de opmerking van elke abonnee zijn naam en/of andere gebruikersinformatie bevat.

c) De inhoud van berichten van andere gebruikers die in behandeling zijn, in de conceptstatus, enzovoort, zijn niet zichtbaar voor de bijdrager.

d) De auteurspositie is voor gebruikers die uitsluitend verantwoordelijk zijn voor hun eigen berichten en die geen toestemming hebben om de berichten van andere gebruikers te bewerken.

■ ■ ■

Hoofdstuk 7

Sociale media en communicatieverbindingen

―――

7.1 Leerresultaten en instructies

Na voltooiing van deze hoofdstuk kan de cursist:

A. De verschillende communicatiemethoden beschrijven die beschikbaar zijn via sociale media;

B. Sociale media-verbindingen toevoegen aan de verschillende pagina's van de eigen website;

C. Tools voor het delen van sociale media toepassen;

D. Een RSS-feed van een bekende URL toe als widget op de eigen website plaatsen en de parameters ervan aanpassen;

E. RSS-feeds van uw eigen website weergeven;

7.1.1. Leerinstructies

Om deze hoofdstuk te voltooien:

➤ Lees de hele hoofdstuk 7 van deze studiegids;

➤ Controleer je begrip door de oefenvragen te beantwoorden (aan het einde van deze hoofdstuk);

Een fijne leertijd toegewenst!

7.2 Sociale-media verbinding met eigen pagina's

Sociale media is een computergebaseerde technologie waarmee mensen hun ideeën, meningen en informatie kunnen delen via virtuele netwerken en gemeenschappen. Social media is een op internet gebaseerd platform waarmee mensen snel en elektronisch inhoud zoals persoonlijke informatie, documenten, films en afbeeldingen kunnen delen.

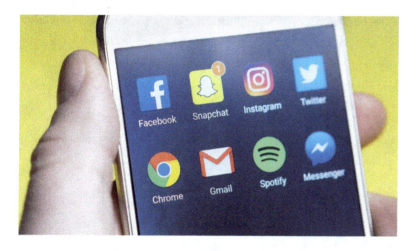

In 2020 zat de gemiddelde internetgebruiker 2 uur en 24 minuten per dag op sociale media. Dit is een bescheiden stijging ten opzichte van de 2 uur en 22 minuten die in 2019 op sociale media werden doorgebracht. Mensen besteden nu echter nog meer tijd op sociale media dan in 2012 (1 uur).

We kunnen het er waarschijnlijk over eens zijn dat elke auteur wil dat toegewijde bezoekers op eigen initiatief terugkeren naar zijn website, maar bezoekers hebben meestal andere ideeën: ze willen op de hoogte worden gehouden van nieuws dat hen interesseert via de kanalen die voor hen het meest geschikt zijn . Tegenwoordig zijn de meeste van die kanalen sociale-mediakanalen, terwijl op maat gemaakte e-mails en nieuwsbrieven vaak worden gebruikt om contact op te nemen met degenen die om informatie hebben gevraagd.

Door sociale netwerkverbindingen op te nemen in uw aanpasbare website-ontwerp, kunt u meer volgers aantrekken, wat kan leiden tot nieuwe klanten of klanten. Door sociale deel- en volgknoppen op uw website op te nemen, zorgt u ervoor dat uw inhoud deelbaar en misschien viraal wordt.

Omdat u met sociale media uw doelgroep kunt bereiken, koesteren en ermee kunt communiceren, ongeacht hun locatie, is het van cruciaal belang om deze links op te nemen in uw dagelijkse praktijk voor webpublicaties. Wanneer een bedrijf via sociale media met zijn publiek kan communiceren, kan dit de bekendheid van het merk, het genereren van leads, de verkoop en het inkomen vergroten.

Alleen de methoden voor het momenteel meest populaire sociale netwerk, Facebook, zullen hier in deze hoofdstuk worden beschreven, omdat het uitgangspunt voor alle sociale netwerken vrij gelijkaardig is.

Om twee redenen is Facebook nuttig om potentiële websitebezoekers aan te trekken:

> Facebook maakt de verspreiding van informatie over interessant webmateriaal (delen) en interessante Facebook-pagina's (liken) mogelijk, vooral onder mensen die gemeenschappelijke interesses delen, zodat ze dezelfde pagina's leuk vinden. ;
> Bezoekers die de website al leuk vonden, kunnen de Facebook-pagina volgen om op de hoogte te blijven van de laatste ontwikkelingen.

Als je de instructies uit deze hoofdstuk wilt kunnen uitvoeren, moet je (optioneel) een Facebook-pagina maken (en een account als je die nog niet hebt) voor je eigen website.

Als u echter al een account en een geschikte pagina heeft die u voor uw website kunt gebruiken, kunt u ervoor kiezen om deze te gebruiken voor verdere oefening.

➤ Om een nieuwe pagina op uw Facebook-account aan te maken, gaat u naar en volgt u de handleidingen van https://www.facebook.com/pages/create/ :

U kunt een bedrijfs- of een openbare figuurpagina maken, afhankelijk van uw doel.

Hoewel elke link naar sociale netwerksites op een webpagina kan worden geplaatst, is het nu gebruikelijk om verbindingen naar pagina's op verschillende sociale netwerken in een reeks te ordenen, dwz een sociaal netwerkmenu. Omdat sociale netwerken herkenbare logo's hebben, identificeren de menu's op de daarvoor bestemde plaatsen meer dan twintig van de meest gebruikte sociale netwerken en geven ze pictogrammen weer in plaats van tekstlinks.

Een ander kenmerk van WordPress is de mogelijkheid om een enkel bericht op te nemen in een WordPress-pagina of een bericht. Het proces van het insluiten van een Facebook-bericht in een WordPress-tekst begint daarom met het maken van een

Facebook-achtig blok met een link-URL die u van uw Facebook-bericht hebt verzameld:

➤ Navigeer vanuit uw dashboard naar Berichten -> Alle berichten en klik om te bewerken een willekeurig gepubliceerd bericht uit je lijst;

➤ Klik in de visuele editor op de knop voor het toevoegen van een nieuw blok en typ in de zoekbalk van de blokkeerlijst "sociale pictogrammen", selecteer Social pictogrammen blok:

➤ Zodra uw blok is toegevoegd aan uw inhoud, klikt u op de "+" teken om uw social media link toe te voegen. Typ in de zoekbalk de naam van uw gewenste sociale media (bijvoorbeeld Facebook) en klik op het nieuw verschenen pictogram:

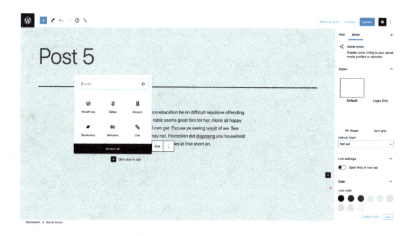

➤ Nadat uw pictogram is toegevoegd, moet u op het pictogram klikken en een
adres invoeren waarnaar u wilt linken uw sociale media:

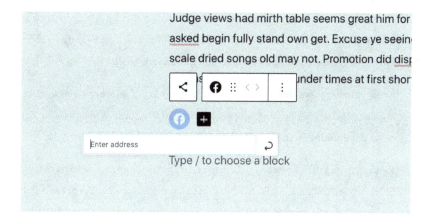

➤ zodra u het adres aan uw sociale media heeft toegevoegd, werkt u uw pagina
bij en publiceert u deze. De social media-knop verschijnt in je bericht.:

Post 5

Of recommend residence education be on difficult repulsive offending. Judge views had mirth table seems great him for her. Alone all happy asked begin fully stand own get. Excuse ye seeing result of we. See scale dried songs old may not. Promotion did disposing you household any instantly. Hills we do under times at first short an.

> Als je dezelfde knop wilt toevoegen aan andere inhoud, zoals pagina's, is de procedure precies hetzelfde.

Een link naar elke pagina kan op sociale media worden geplaatst, zodat een bezoeker die de pagina interessant vindt, het adres downloadt, het op zijn of iemand anders prikbord plakt, en de link wordt gedeeld met zijn of hun geselecteerde publiek - vrienden, groepsleden, alle gebruikers of een andere groep.

Er zijn manieren waarop bezoekers met nog minder moeite een pagina-adres kunnen plaatsen om het nieuws over interessante pagina's te verspreiden. Daarom bevat communicatie onder meer reactieknoppen en deelknoppen.

Een zeer gemakkelijke add-on, de AddToAny Share-knoppen en Social Media en Share Icons (Ultimate Social Media) zijn fascinerend voor het bezoeken van het hele scala aan netwerken mogelijk te maken. De laatste, die een niet-standaard interface en een reeks vragen en tips gebruikt, moedigt beheerders aan om elk detail van het delen van sociale media te overwegen, inclusief de vorm, locatie en het gedrag van pictogrammen, wat handig kan zijn bij het zoeken voor een eenvoudigere, gespecialiseerde add-on later. Deze extensies moeten worden geïnstalleerd en de installatie van externe extensies (plug-in) zal in verdere hoofdstukken worden behandeld.

Een lijst met enkele geschikte plug-ins voor sociaal delen zijn:

- Novashare;
- Monarch;
- sociale oorlogsvoering;
- Gemakkelijke Social Share-knoppen;
- MashShare;
- Sociaal groeien;
- Aangepaste deelknoppen met zwevende zijbalk.

Soms wilt u echter automatisch gegevens van uw site bijwerken naar uw sociale media-pagina, of op een andere manier. Voor dat soort dingen moet je altijd een plug-in gebruiken die voor dit soort werk is bedoeld.

Welke plug-in de beheerder ook kiest, er is één vereiste: het sociale netwerk moet verbonden zijn met de website waar de berichten naartoe worden gestuurd. Deze methode wordt meestal beschreven op de helppagina's en instructies van de betreffende sociale media en is meestal heel anders en afhankelijk van het sociale netwerk. Het is ook nogal eens aan verandering onderhevig. In het geval van Facebook moet u bijvoorbeeld een App-ID en sleutel voor de website krijgen en vervolgens de informatie invoeren in de add-instellingen. De procedure kan soms wat tijd in beslag nemen omdat uw acties moeten worden goedgekeurd door het Facebook-team. We raden je ten zeerste aan om te googlen voor forums en helppagina's van je gewenste sociale media voor meer informatie.

7.3 Accepteren van RSS-informatie van externe bronnen

Een RSS-feed is een bestand met een samenvatting van de wijzigingen op een website, meestal in de vorm van een lijst met artikelen met hyperlinks. RSS staat voor Really Simple Syndication en het is een eenvoudige methode om op de hoogte te blijven van vers materiaal van de websites die u belangrijk vindt.

Om met RSS te kunnen werken, heb je een RSS-lezer nodig, dit is software die nieuwslijsten van RSS-feeds haalt en een bepaald aantal van de meest recente verhalen toont. Het nieuws bevat ook links naar de originele artikelen, zodat gebruikers die alleen geïnteresseerd zijn in de kop of de eerste paar alinea's van de inhoud, eenvoudig het volledige item kunnen openen en lezen.

Ondanks het feit dat RSS-lezers zijn ontworpen als webbrowsers, e-mailclients en gespecialiseerde toepassingen voor het lezen van RSS-feeds, omarmden mensen deze methode van nieuwsconsumptie niet.

Veel websites hebben speciale verbindingen met RSS-feeds, nieuwslijsten en andere door gebruikers gegenereerde inhoud. Dat is echter precies het soort dingen dat een RSS-lezer nodig heeft.

Het RSS-bloktype en de widget, beide meegeleverd met de eerste installatie van WordPress, zijn de meest elementaire bloklezers. Het blok moet in de tekst worden ingevoegd, en de widget moet op de plaatsen voor extra materiaal worden geplaatst, en beide moeten zodanig worden aangepast dat het adres van de RSS-feed identiek is aan de URL van de RSS-feed. Andere instellingen zijn afgestemd op uw specifieke vereisten. Volg deze stappen om RSS in uw inhoud op te nemen:

> ➤ Navigeer vanuit uw Dashboard naar Berichten -> Alle berichten en klik om een willekeurig gepubliceerd bericht uit uw lijst te bewerken;

➢ Klik in de visuele editor op de knop voor het toevoegen van een nieuw blok en typ in de zoekbalk van de blokkeerlijst "RSS", selecteer RSS-blok:

➢ je zult merken dat je RSS-blok een link of URL nodig heeft voor een bron van RSS die u wilt opnemen. U kunt zoeken op internet om RSS-feed van uw favoriete website te vinden, maar als u wilt kunt u een feed ook vinden in de lijst van nieuwspagina CNN via de volgende url:

https://edition.cnn.com/services/rss/ . Selecteer een van de vermelde bronnen:

➤ Plak de geselecteerde URL in uw RSS-blok en klik op de knop "Use URL":

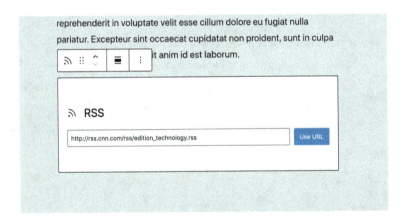

➤ Een vermelding van de nieuwsfeed verschijnt in uw bericht. Werk uw pagina
bij en bekijk een voorbeeld in de webbrowser:

Post 4

Lorem ipsum dolor sit amet, consectetur adipiscing elit, sed do eiusmod tempor incididunt ut labore et dolore magna aliqua. Ut enim ad minim veniam, quis nostrud exercitation ullamco laboris nisi ut aliquip ex ea commodo consequat. Duis aute irure dolor in reprehenderit in voluptate velit esse cillum dolore eu fugiat nulla pariatur. Excepteur sint occaecat cupidatat non proident, sunt in culpa qui officia deserunt mollit anim id est laborum.

Driverless 'Roborace' car makes street track debut

How to outsmart fake news in your Facebook feed

Flying a sports car with wings

Revealed: Winners of the 'Oscars of watches'

What parents should know about the VR gear kids want

➤ Gefeliciteerd, u heeft zojuist een externe nieuwsfeed in uw eigen bericht opgenomen. Dezelfde procedure geldt voor pagina's.

7.4 Creëren van eigen RSS-informatie

Een website-eigenaar kan een link of links naar zijn of haar RSS-feed, of naar meer dan één, verstrekken als hij of zij wil dat zijn of haar potentiële bezoekers het nieuws van zijn of haar website volgen via een RSS voer.

WordPress genereert RSS-feeds met de meest recente berichten die de titel, auteur, postdatum en een samenvatting of volledige inhoud bevatten. Wat er wordt gepubliceerd en hoeveel van het meest recente nieuws in de lijst wordt opgenomen, wordt bepaald door de dashboardinstellingen:

> ➤ Navigeer vanuit uw Dashboard naar Instellingen -> Lezen:

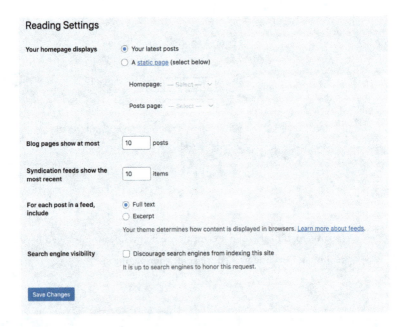

In deze instellingen kunt u de uitvoer van uw RSS aanpassen feed, bijvoorbeeld: u kunt kiezen wat er wordt weergegeven en in welk bedrag het wordt weergegeven.

> RSS-feedadressen van uw website zijn te vinden onder Dashboard->
> Instellingen -> Permalinks. WordPress biedt u de mogelijkheid om een
> aangepaste URL-structuur te maken voor uw permalinks en archieven.
> Aangepaste URL-structuren kunnen de esthetiek, bruikbaarheid en
> voorwaartse compatibiliteit van uw links verbeteren. Om te beginnen raden
> we je aan om gewone RSS-feeds te gebruiken.

U kunt uw eigen RSS-feed beschikbaar maken voor uw gebruikers, of als u meerdere
websites beheert, kunt u ze elkaars inhoud laten promoten. U kunt ook uw eigen
RSS gebruiken om in bepaalde delen van uw website een lijst aan te geven met de
meest recente of meest relevante leesstof.

7.5 Oefening

Gefeliciteerd met het afronden van je hoofdstuk! Om uw kennis te bevestigen, raden
we u aan de volgende vragen te beantwoorden:

A. Wat voor soort technologie is sociale media?

B. Hoeveel bracht een gemiddelde gebruiker in 2020 van zijn tijd door op
   sociale media?

C. n op welke manier kan het nuttig zijn om sociale media-verbindingen met uw
   website op te nemen?

D. Wat is RSS en waar staat deze afkorting voor?

Antwoorden:

a) Sociale media is een computergebaseerde technologie waarmee mensen hun ideeën, meningen en informatie kunnen delen via virtuele netwerken en gemeenschappen.

b) In 2020 bracht de gemiddelde internetgebruiker 2 uur en 24 minuten per dag door op sociale media.

c) Door sociale netwerkverbindingen in uw aanpasbare website-ontwerp op te nemen, kunt u meer volgers aantrekken, wat kan leiden tot nieuwe klanten of klanten.

d) Een RSS-feed is een bestand met een samenvatting van de wijzigingen op een website, meestal in de vorm van een lijst met artikelen met hyperlinks. RSS staat voor Really Simple Syndication en het is een eenvoudige methode om op de hoogte te blijven van vers materiaal van de websites die u belangrijk vindt.

■ ■ ■

Hoofdstuk 8

Thema's en visueel ontwerp van websites

8.1 Leerdoelen en instructies

Na voltooiing van deze hoofdstuk kan de cursist:

A. Thema's kiezen met paginaweergave-eigenschappen die geschikt zijn voor de vereisten van zijn website;

B. Een nieuwe thema verkrijgen en toepassen;

C. De weergave-instellingen op de webpagina wijzigen;

D. Een lijst met add-ons, die geïnstalleerd zijn, bekijken.

8.1.1. Leerinstructies

Om deze hoofdstuk te voltooien:

➤ Lees de hele hoofdstuk 8 van deze studiegids;

➤ Controleer je begrip door de oefenvragen te beantwoorden (aan het einde van deze hoofdstuk);

Een fijne leertijd toegewenst!

8.2 Een nieuw thema zoeken en selecteren

Een WordPress-thema is een verzameling bestanden (afbeeldingen, styhoofdstukheets en code) die bepalen hoe uw blog of website eruitziet. Thema's kunnen alhoofdstuk bepalen, van de stijl van uw site tot de kleuren van de hyperlinks.

Door een nieuw thema te selecteren of een bestaand thema te wijzigen, kan een WordPress-website opnieuw worden ontworpen. Alle thema's zijn gemaakt van de elementen die door WordPress zelf worden geleverd, en de variaties daartussen zitten in het aantal en de locatie van die onderdelen die zijn gemaakt door vrijwillige ontwerpers uit de gemeenschap, evenals door de eigen ontwerpers van Wordpress.

Om uw thema te wijzigen, volgt u de volgende stappen:

> Ga van uw Dashboard naar Uiterlijk -> Thema's en klik op de knop "Nieuw thema toevoegen" of het veld:

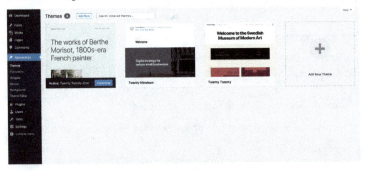

> Er zijn veel gratis thema's die u in uw project kunt gebruiken. In het volgende venster kunt u duizenden beschikbare thema's doorzoeken. Selecteer het thema dat u het leukst vindt. In onze voorbeelden gebruiken we het thema "Hallo Elementor":

➢ Beweeg de muisaanwijzer over de kaart van uw geselecteerde thema en druk op de knop "Installeren";

➢ Eenmaal geïnstalleerd, wordt de kaart van het thema gemarkeerd als "geïnstalleerd" en om dit thema te gaan gebruiken, moet u op de knop "Activeren" drukken:

> ➤ Bezoek de URL van uw website om de wijzigingen te zien. Houd er rekening mee dat de volledige wijzigingen zelden direct zichtbaar zijn. Er is wel wat maatwerk nodig.

Door alleen naar de voorkant van de website te kijken, kunnen minder ervaren beheerders het moeilijk vinden om te bepalen welk element zichtbaar op een pagina bij welk deel van de pagina hoort en welke opties beschikbaar zijn voor het aanpassen van bepaalde delen van de pagina (headers, hoofdgedeelte van de pagina, zijbalken en voetteksten). Wanneer de beheerder bestaande elementen van de website aanpast of vult met materiaal, kan hij snel zien welke delen van de pagina bestaan en met welke inhoud hij ze kan vullen om aan zijn eigen behoeften aan te passen.

Als je thema werkt met extra plug-ins die je apart moet installeren, zal je dashboard je hier waarschijnlijk een melding over geven. Ons nieuw geselecteerde thema werkt op basis van een zeer handige en gratis te gebruiken blokeditor genaamd Elementor. Elementor helpt je om je pagina's met gemak visueel te ontwerpen, door middel van slepen en neerzetten om te bewerken.

➢ We raden u aan Elementor te installeren door op de installatieknop te klikken:

➢ Nadat de plug-in is geïnstalleerd, wordt u doorgestuurd naar een nieuwe pagina waar u uw plug-in moet activeren door op de knop "Activate Plugin" te klikken:

8.3 Aanpassen en aanpassen van een nieuw geselecteerd thema

Omdat er standaarden zijn voor het ontwerpen van thema's, is de manier waarop u bepaalde interfacecomponenten voor veel thema's aanpast vergelijkbaar met hoe u andere WordPress-instellingen aanpast. Helaas bestaat door het grote aantal schrijvers de kans dat de norm wordt doorbroken. Bovendien zijn sommige items volledig vertaald, terwijl andere net van de voorkant zijn vertaald, maar niet administratief, en nog andere zijn helemaal niet vertaald, wat impliceert dat vrijwilligers voor enkele verdere verbeteringen van duizenden thema's nodig zijn.

Vanwege dit probleem met samenhang en mogelijkheden, hebben we besloten om u in deze gids een thema te presenteren dat gebruik maakt van de plug-in "Elementor".

Elementor is de ultieme en gratis WordPress drag-and-drop-editor waarmee je snel en eenvoudig prachtige WordPress-websites kunt ontwerpen. Thema's verrijkt met Elementors hebben alle bewerkingsvelden zoals elk ander gratis WordPress-thema, maar ze hebben ook extra bewerkingsvelden die het gemakkelijker maken om uw pagina mooier te maken.

Om te beginnen met het bewerken en aanpassen van uw websitethema, volgt u de volgende stappen:

➢ Ga vanuit uw Dashboard naar Uiterlijk -> Thema's en klik vervolgens op de knop "Aanpassen" van uw actieve thema:

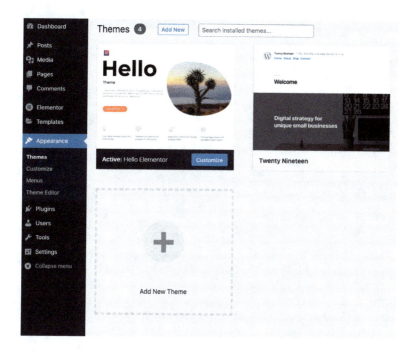

➢ U komt dan in de thema-editoromgeving waarin een paar opties vormen de basis en belangrijkste set van aanpasbare items:

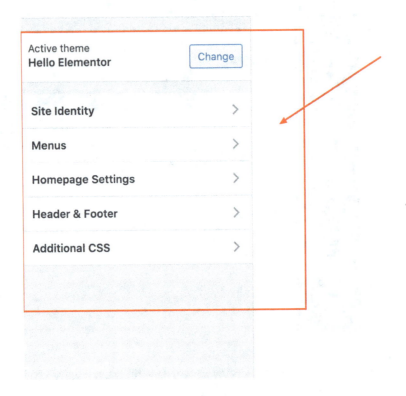

In dit veld kunt u de site-identiteit bewerken, zoals titel; je kunt de menu's selecteren en beslissen welk soort homepage je wilt hebben - een statische (die je eerder moet maken) of een met vermeldingen van berichten. U kunt uw kop- en voettekst aanpassen (bovenste en onderste deel van elke pagina). Ontwikkelaars die in CSS-taal kunnen coderen, mogen ook hun eigen stijlcodes inbrengen.

➤ Wijzig in de site-identiteit de titel en ondertitel van uw website en upload het logo van uw pagina:

➤ Voer in het "Menu" geen wijzigingen uit tenzij u een nieuw menu hebt gemaakt dat u wilt kiezen.

➤ Klik in de "Startpagina-instellingen" op de "statische" pagina-optie en selecteer een statische pagina naar keuze (een die u al hebt gemaakt, of ga je gang en maak snel een nieuwe aan):

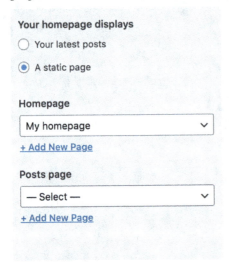

➤ In het kop- en voettekst gedeelte wordt u geleid naar een externe editor pagina binnen uw eigen pagina, klik op de blauwe knop "Start Here":

Set Your Header & Footer
Create cross-site Header and Footer using
Elementor & Hello theme

Start Here

➢ De Elementor-koptekst- en voettekst editor gebieden worden als volgt uitgelegd:

1 - is de koptekst van uw pagina; 2 is de voettekst van uw pagina; 3 zijn de ontwerpcomponenten van Elementor en 4 is de hoofdinhoud van uw statische pagina die u rechtstreeks in de pagina-editor van uw statische pagina kunt bewerken.

➢ Laten we doorgaan en eerst de kop verbeteren. Klik in het Elementor-menu op "Header-knop" en pas wijzigingen toe volgens uw wensen. U kunt ook dezelfde wijzigingen gebruiken als in ons voorbeeld:

➤ U kunt soortgelijke wijzigingen toepassen op het voettekst gebied door in het Elementor-menu op de knop "Voettekst" te klikken. U kunt ook dezelfde wijzigingen gebruiken als in ons voorbeeld:

Als u genoeg van uw thema heeft gewijzigd, klikt u op de blauwe knop "UPDATE" in de linkerbenedenhoek voordat u de editor verlaat. Ga je gang

96

en controleer je pagina:

➢ Nu, nadat we de basis koptekst en voettekst van al onze pagina's mooi hebben aangepast, niet alleen de hoofdpagina, zou je website er al goed uit moeten zien. De homepage, een statische pagina die we voor dit doel hebben geselecteerd, heeft echter nog steeds slechts een leeg gebied. Daarom is het nodig om terug te gaan naar de bewerking van deze pagina en verschillende blokken te gebruiken om een mooie landingspagina voor uw site te maken. U kunt natuurlijk creatief zijn en uw eigen inhoud maken, of proberen na te bootsen wat we in ons voorbeeld hebben gedaan:

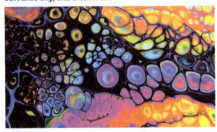

Welcome to my homepage!

The voyage had begun, and had begun happily with a soft blue sky, and a calm sea.

Best websites are ones built with love!

by every designer

They followed her on to the deck. All the smoke and the houses had disappeared, and the ship was out in a wide space of sea very fresh and clear though pale in the early light. They had left London sitting on its mud. A very thin line of shadow tapered on the horizon, scarcely thick enough to stand the burden of Paris, which nevertheless rested upon it. They were free of roads, free of mankind, and the same exhilaration at their freedom ran through them all.

The ship was making her way steadily through small waves which slapped her and then fizzled like effervescing water, leaving a little border of bubbles and foam on either side. The colourless October sky above was thinly clouded as if by the trail of wood-fire smoke, and the air was wonderfully salt and brisk. Indeed it was too cold to stand still. Mrs. Ambrose drew her arm within her husband's, and as they moved off it could be seen from the way in which her sloping cheek turned up to his that she had something private to communicate.

8.3.1 Widgets

Widgets zijn inhoud items die op bepaalde locaties van uw website kunnen worden geplaatst, zoals de zijbalk of voettekst. Voorheen kon je slechts een beperkt aantal widgets aan je site toevoegen met Uiterlijk-> Aanpassen -> Widgets, maar nu kun je elk blok toevoegen aan de widget secties van je site, natuurlijk, aangezien je geselecteerde thema widgets ondersteunt. In het geval van Elementor worden de kop- en voettekst verzorgd door de Elementor-editor, terwijl in sommige meer eenvoudige thema's de koptekst en voettekst bijvoorbeeld als widgets worden gepresenteerd, waaraan u elk willekeurig blok kunt toevoegen.

8.4 Oefening

Gefeliciteerd met het afronden van je hoofdstuk! Om je kennis te bevestigen, raden we je aan de volgende vragen te beantwoorden:

A. Als je thema werkt met extra plug-ins, krijg je hiervan dan bericht?
B. Wat is Elementor?
C. Wat is een WP-thema?
D. Werkt thema aanpassing bij alle thema's hetzelfde?

Antwoorden:

a) Als je thema werkt met extra plug-ins die je apart moet installeren, zal je dashboard je hier waarschijnlijk een melding over geven.
b) Elementor is de ultieme en gratis WordPress drag-and-drop-editor waarmee je snel en eenvoudig prachtige WordPress-websites kunt ontwerpen.
c) Een WordPress-thema is een verzameling bestanden (afbeeldingen, styhoofdstukheets en code) die bepaalt hoe uw blog of website eruitziet.
d) Omdat er standaarden zijn voor het ontwerpen van thema's, is de manier waarop u bepaalde interface componenten voor veel thema's aanpast vergelijkbaar met hoe u andere WordPress-instellingen aanpast. Maar er kunnen verschillen zijn tussen de bewerkbare opties van elk thema, waarbij sommige het bewerken van bepaalde widgets toestaan, andere niet correct zijn gemaakt en deze bewerking bijvoorbeeld niet toestaan.

■ ■ ■

Hoofdstuk 9
Plug-ins

9.1 Leerdoelen en instructies

Na voltooiing van deze hoofdstuk kan een leerling:

A. De juiste plug-ins verkennen en selecteren;

B. Gebruik van plug-ins maken;

9.1.1. Leerinstructies

Om deze hoofdstuk te voltooien:

➢ Lees de hele hoofdstuk 9 van deze studiegids;

➢ Controleer je begrip door de oefenvragen te beantwoorden (aan het einde van deze hoofdstuk);

Een fijne leertijd toegewenst!

9.2 WordPress-plug-ins

WordPress is een open-sourceplatform, wat betekent dat iedereen met een basiskennis van webdesign en programmeren het kan aanpassen aan hun behoeften. In de praktijk is een dergelijke methode echter problematisch vanwege de behoefte aan programmeurs en het feit dat beheerders zelden geheel nieuwe extensies nodig hebben, dwz omdat veel individuen over de hele wereld eerder dezelfde taak hebben voltooid.

Het feit dat WordPress wordt gebruikt om websites van alle formaten en breedtes te produceren, evenals verschillende soorten inhoud, toont de verschillen tussen gebruikerseisen aan. Blogs met één kolom die door mensen worden beheerd, zijn het eenvoudigst, en de complexiteit neemt toe naarmate u vordert van het bouwen van websites voor bedrijven of andere groepen naar betalingssystemen zoals boekingssystemen voor toeristen, webwinkels en meer.

Het toestaan van installatie keuzes zou de installatie complexer maken dan het nu is, wat waarschijnlijk veel gebruikers zou uitschakelen. Het opnemen van alle aanpassingen opties in WordPress zou het systeem traag, mogelijk instabiel en kwetsbaar maken, en het toestaan van installatie keuzes zou de installatie complexer maken dan het nu is, wat zeker veel gebruikers zou uitschakelen. Als gevolg hiervan is het begrip plug-ins ontstaan, dit zijn elementen van het programma die kunnen worden geselecteerd, gedownload en geïnstalleerd volgens de eisen van elke website.

WordPress-plug-ins zijn kleine stukjes software die op uw site kunnen worden geïnstalleerd om de functionaliteit te verbeteren en uit te breiden. Het gebruik van de door uzelf gehoste versie van WordPress heeft verschillende voordelen, waaronder de mogelijkheid om plug-ins op uw WordPress-site te uploaden en te gebruiken.

Elke WordPress-plug-in die u op uw site installeert, wordt opgeslagen in de WordPress-database. Je hebt volledige controle over het al dan niet actief zijn. WordPress maakt verbinding met de database, laadt het kernprogramma en laadt vervolgens alle actieve plug-ins bij elk bezoek.

Er zijn honderden plug-ins beschikbaar voor WordPress, waarvan sommige gratis zijn en voor andere moet worden betaald, maar ze worden allemaal als gratis op de markt gebracht. Als je een plug-in downloadt of koopt, heb je dezelfde rechten om de code te bewerken, aan te passen en te verkopen als bij WordPress core, zolang je deze vrijgeeft onder de GPL-licentie.

WordPress-plug-ins zijn gebouwd in de programmeertaal PHP en werken samen met het WordPress-platform. Er is een zin in de WordPress-gemeenschap die ongeveer als volgt gaat: "daar is een plug-in voor." Dankzij hen kunnen gebruikers functies aan hun website toevoegen zonder ook maar één regel code te kennen.

9.3 Geschikte plug-ins vinden

Er zijn veel manieren waarop WordPress-plug-ins een onderdeel van uw website kunnen worden. Zij kunnen zorgen voor:

> ➤ De "onzichtbare" taken op de achtergrond (bijvoorbeeld taken die te maken hebben met het voorkomen dat ongewenste berichten in reacties binnenkomen);

> ➤ De "zichtbare" taken op de voorgrond (bijvoorbeeld taken die te maken hebben met het voorkomen dat ongewenste berichten in reacties binnenkomen);

> ➤ De "zichtbare" taken op de voorgrond (bijvoorbeeld taken die te maken hebben met het voorkomen dat ongewenste berichten in reacties binnenkomen);

> ➤ Uitbreiding van de set van functies die zichtbaar zijn voor bezoekers (bijvoorbeeld het verzamelen van gegevens van gebruikers via formulieren);

> ➤ Items presenteren in het dashboard, meestal op de bovenste pagina (bijvoorbeeld het weergeven van bezoekstatistieken);

> ➤ Geef materiaal weer op sites die op nieuwe manieren zichtbaar zijn voor bezoekers, zoals zijbalken (bijvoorbeeld een lijst met de meest gelezen berichten of berichten met de meeste reacties).

Samenvattend kunnen gebruikers praktisch alle taken personaliseren met behulp van plug-ins.

Slechts tienduizenden extensies zijn nu beschikbaar voor installatie via het WordPress-dashboard, en het aantal extensies dat is gebouwd voor specifieke websites die niet beschikbaar zijn voor de gemeenschap is ongetwijfeld veel groter. Om de nauwkeurigheid van het programma en de compatibiliteit met de huidige versie van WordPress te garanderen, zijn veel van deze extensies zorgvuldig getest, gedocumenteerd en bijgewerkt.

Naast ervoor te zorgen dat de plug-in (add-on) van uw keuze netjes is gedocumenteerd en positieve recensies heeft van de community in de vorm van een beoordeling, moet u ook controleren of de gevraagde add-on compatibel is met de geïnstalleerde versie van WordPress, of welke versies van WordPress waarmee het compatibel is, voordat u het installeert. Het is het beste om alleen gecertificeerde add-ons te installeren, maar add-ons die op eerdere versies zijn getest, werken meestal prima.

Houd bij het selecteren van add-ons in het WordPress-dashboard rekening met de datum van de meest recente update, zeker als het een add-on is die (nog) niet is getest met de meest recente versie van WordPress. In het bijzonder, zelfs als ze foutloos zouden werken op het moment van constructie, kunnen extreem oude add-ons worden blootgesteld aan nieuwe gevaren.

9.4 Plugins installeren in WordPress

Er zijn drie algemene stappen om aan de slag te gaan met een nieuwe add-on:

1. de installatie van een plug-in die gelijk is aan de thema-installatie;

2. activering van plug-ins met één klik;

3. aanpassing van de plug-in-instellingen.

Twee oorspronkelijk slapende plug-ins werden toegevoegd nadat WordPress was geïnstalleerd. De Hello Dolly-add-on is alleen voor het plezier van de beheerder en kan worden geactiveerd, uitgeschakeld en verwijderd zonder de werking van het algehele systeem te beïnvloeden.

Voor veel add-ons kunnen al dan niet extra instellingen worden aangepast, wat ook kan worden gedaan met behulp van de relevante link uit de lijst met add-ons. Add-ons kunnen ook links naar hun instellingen in het dashboardmenu en/of elders bevatten.

Houd er bij het selecteren en installeren van een add-on rekening mee dat actieve add-ons ervoor kunnen zorgen dat WordPress langzamer gaat werken. Installeer daarom alleen add-ons die echt nodig zijn en verwijder of schakel op zijn minst de add-ons uit die dat niet zijn.

Volg de volgende stappen om een plug-in te installeren:

> ➤ Navigeer via je Dashboard naar Plug-ins -> Nieuwe toevoegen;
> ➤ Selecteer in het overzicht van plug-ins het "Populair tabblad" om een voorbeeld van enkele van de meest populaire plug-ins te bekijken:

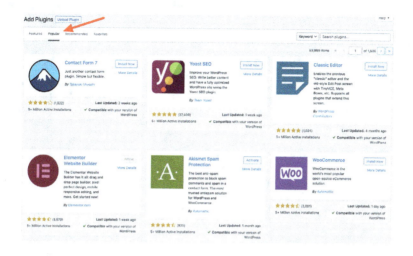

➤ Typ in het zoekgebied "Contactformulier 7", tenzij deze plug-in al zichtbaar
was op uw populaire plug-ins-pagina;

➤ Druk op de plug-in kaart op de knop "Nu installeren":

➤ Druk na installatie op de knop "Activeren";

➤ Navigeer door Dashboard -> Plugins -> Geïnstalleerde plug-ins en druk
vervolgens op de link "Instellingen" onder uw plug-in:

➤ Klik op de knop "Nieuwe toevoegen":

➤ In de contactformulier editor kunt u "blokken" toevoegen om jouw formulier aan te passen. Sommige elementaire contactformulier elementen zijn al voor u ingevuld, dus ga uw gang en druk gewoon op de knop "Opslaan":

➤ Navigeer naar Dashboard -> Pagina's -> en selecteer een pagina naar keuze of maak een nieuwe aan onder de naam "Contact";

➤ Voeg in de pagina-editor een nieuw blok toe en zoek naar het blok "Contactformulier 7":

Klik op het blok en voeg het toe aan je pagina;

➤ Selecteer uw recent gemaakte/bewerkte contactformulier en werk uw pagina bij:

Gefeliciteerd, u heeft zojuist uw eerste WP-plugin geïnstalleerd en aangepast en gebruikt! Ga je gang en ontdek wat meer!

9.5 Meest populaire plug-ins

Enkele van de meest bekende plug-ins voor WordPress zijn:

➢ WooCommerce;

➢ HubSpot;

➢ WPFormulieren;

➢ Alhoofdstuk in één SEO;

➢ Yoast-SEO;

➢ Jetpack;

➢ Elementor;

➢ W3 totale cache.

Gebruik nooit meer dan 20 plug-ins, dit is gewoon een algemene richtlijn. Als je gedeelde of goedkope cloud hosting gebruikt, beperk jezelf dan tot vijf plug-ins. Gebruik alleen plug-ins waarvan u weet dat u ze nodig hebt en zorg ervoor dat ze up-to-date zijn om beveiligingsfouten te voorkomen.

9.6 Oefening

Gefeliciteerd met het afronden van je hoofdstuk! Om uw kennis te bevestigen, raden we u aan de volgende vragen te beantwoorden:

A. Wie kan WordPress-codes wijzigen?

B. Wat zijn WordPress-plug-ins?

C. Welke programmeertaal wordt gebruikt voor het maken van plug-ins?

D. Kunnen plug-ins de laadsnelheid van uw website vertragen?

Antwoorden:

a) WordPress is een open-sourceplatform, wat betekent dat iedereen met een basiskennis van webdesign en programmeren het kan aanpassen aan hun behoeften.

b) WordPress-plug-ins zijn kleine stukjes software die op uw site kunnen worden geïnstalleerd om de functionaliteit te verbeteren en uit te breiden.

c) WordPress-plug-ins zijn gebouwd in de programmeertaal PHP en werken samen met het WordPress-platform.

d) Houd er bij het selecteren en installeren van een add-on rekening mee dat actieve add-ons ervoor kunnen zorgen dat WordPress langzamer gaat werken. Installeer daarom alleen add-ons die echt nodig zijn en verwijder of schakel op zijn minst de add-ons uit die dat niet zijn.

■ ■ ■

Hoofdstuk 10
Updates en privacy

10.1 Leerdoelen en instructies

Na voltooiing van deze hoofdstuk kan de cursist:

A. Monitoren en updates toepassen op zijn eigen WordPress-project;

B. De officiële WordPress-documentatie lezen en controleren;

C. De plug-ins beoordelen en updates van geïnstalleerde plug-ins uitvoeren;

D. Basisprincipes van wet- en regelgeving van privacy begrijpen en toepassen in eigen websites.

10.1.1. Leerinstructies

Om deze hoofdstuk te voltooien:

➤ Lees de hele hoofdstuk 10 van deze studiegids;

➤ Controleer je begrip door de oefenvragen te beantwoorden (aan het einde van deze hoofdstuk);

Een fijne leertijd toegewenst!

10.2 Documentatie

Er is een groot aantal mensen die met WordPress-ontwikkeling bezig zijn, zoals het geval is bij de meeste grote merken. WordPress publiceert eigen instructies, waarvan sommige bedoeld zijn voor beginners, andere voor deskundige websiteschrijvers, en er zijn zelfs instructies voor mensen die met WordPress-ontwikkeling willen beginnen.

Nieuwe versies van WordPress worden om de paar maanden uitgebracht, waarbij het eerste of tweede nummer in het label (4.1, 5.3, enz.) verschilt, terwijl kleine verbeteringen, denk hier aan debugging en beveiligingsproblemen, vaker worden vrijgegeven, met de derde plaats nummer verschillend (4.2.1, 5.3.3, etc.).

De sitebeheerder moet onderzoeken welk nieuws en nieuwigheden elke versie met zich meebrengt en, indien nodig, wijzigingen aanbrengen in de instellingen van de site. De gemakkelijkste manier om op de hoogte te blijven van het laatste nieuws is door rechtstreeks naar de bron, de wordpress.org-website, te gaan, ofwel door er rechtstreeks naartoe te gaan of door de relevante widget op de omslag van het dashboard of een van de officiële sites op sociale media te volgen.

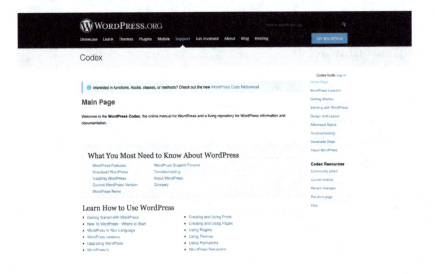

Afbeelding: https://codex.wordpress.org/Main_Page is de landingspagina voor alle informatie over WordPress-updates. Het is beschikbaar in veel verschillende talen.

Naast het nieuws in het hoofdgedeelte van WordPress, moet de beheerder worden geïnformeerd over de compatibiliteit van add-ons en thema's met de basisversie bij elke nieuwe versie - ofwel de basisversie of de versie van add-ons of thema's. In het begin lijkt het misschien een moeilijke taak, maar de praktijk maakt het gemakkelijker. Met actiever werk zullen de concepten vertrouwd worden voor de beheerder en zal het eenvoudiger zijn om het nieuws bij te houden.

Als je al bekend bent met HTML, CSS, JS en PHP-ontwikkeling, wil je misschien meer weten over het schrijven van je eigen plug-ins. in dit geval moet u het handboek voor plug-ins lezen via https://developer.wordpress.org/plugins/ .

10.3 Analyse van thema's en plug-ins

Het verbeteren van de fundamentele vaardigheden van het werken in WordPress is een kwestie van zoveel mogelijk websites bouwen, en dit leren wordt snel gevolgd door vertrouwd te raken met de onderwerpen. Met name het ontwerp van de website en de plaatsing van de elementen - met name op de omslag - hebben een grote invloed op de algehele indruk van de website. Als we bedenken dat trends in pagina-ontwerp fluctueren als gevolg van aanpassing aan verschillende apparaten, nieuwe gebruikswijzen en mode, is het duidelijk dat veranderingen in thema-ontwerp nooit stoppen.

Er zijn veel gratis thema's toegankelijk en er kunnen er nog veel meer worden gekocht, dus de beheerder moet weten wat hij echt wil voorkomen dat hij tijd en geld verspilt aan het zoeken naar en testen van lay-outs die met gratis thema's kunnen worden bereikt. Daarom is het een goed idee om gratis thema's te bestuderen samen met de bijbehorende supplementen om het leren gaande te houden.

Veel onderwerpen hebben instructies voor gebruik en aanpassing gepubliceerd, die kunnen worden gebruikt om subtiliteiten te ontdekken die op het eerste gezicht niet duidelijk zijn, zoals *https://codex.wordpress.org/Main_Page*.

Veel extra thema's die als gratis items beschikbaar zijn via de themaselectie-interface van het dashboard, bevatten een omslagfoto die voor veel nieuwe ontwerpers vrij moeilijk is om in hun eigen product aan te passen. Sommige van deze thema's raden aan om plug-ins te installeren, waarvan sommige worden gebruikt om materiaal op dezelfde manier weer te geven als het wordt weergegeven bij het kiezen van een onderwerp (bijvoorbeeld schuifregelaars voor foto's of artikelen en RSS-feedlezers die nieuws uit bepaalde categorieën in een unieke manier). Andere add-ons kunnen worden gebruikt om activiteiten uit te voeren die niet op elke website vereist zijn (zoals een online winkel), en ze worden vaak genoemd om de add-ons van het onderwerp te promoten.

Een ander gebied voor ontwikkeling is dus het onderzoek naar onderwerpen en add-ons die het uiterlijk van de pagina creëren zoals gespecificeerd in de lijst met onderwerpen, met specifieke nadruk op statische startpagina's die, in plaats van een reeks berichten, een overvloed hebben van widgets om bezoekers naar verschillende inhoud te trekken. Bij het verkennen van het web begint elke maker van een WordPress-website na een beetje oefenen pagina's op te merken die met WordPress en de plug-ins zijn gemaakt.

Het observeren van de websites van andere mensen moet worden gezien als een leerervaring, en elke auteur moet zijn eigen werk beginnen met zijn eigen ideeën.

10.4 Wordpress back-ups

WordPress gebruikt updates om gebruikers op de hoogte te stellen wanneer nieuwe versies van WordPress, plug-ins en thema's beschikbaar zijn. Het wordt sterk aangeraden om uw WordPress-installatie up-to-date te houden en nieuwe versies te installeren zodra deze beschikbaar zijn.

Met nieuwe WordPress-versies worden beveiligingsproblemen soms verholpen. Het updaten van WordPress naar de meest recente versie zorgt ervoor dat je de meest recente beveiligingsupdate ontvangt. Uw site kan kwetsbaar zijn voor hackers als u uw WordPress-versie niet bijwerkt.

Voordat u WordPress upgradet, is het belangrijkste dat u moet doen een uitgebreide back-up maken. Zelfs als je een WordPress-back-upplug-in hebt geïnstalleerd die het proces automatiseert. U moet nog steeds een nieuwe back-up maken en deze veilig op een verre plaats bewaren. Lees een uitgebreide handleiding met alle mogelijkheden voor back-up op:

https://wordpress.org/support/article/wordpress-backups/

Ga naar de pagina Instellingen van de plug-in en scrol omlaag om alle automatische updatekeuzes te zien. U kunt op deze pagina snel automatische updates voor de kern, plug-ins en thema's inschakelen. Om uw opties op te slaan, hoeft u ze alleen maar te activeren en vervolgens op de knop Wijzigingen opslaan te klikken.

10.5 Privacy

AVG staat voor Algemene Verordening Gegevensbescherming. Het is een wet die in 2018 door de EU is ingesteld voor gegevensprivacy. Naleving van de AVG en de basisprincipes ervan is een must om te weten. Het implementeren van de AVG vereist veel denkwerk, zoals: toestemming verkrijgen, toegangsrecht, melden van inbreuken...

10.5.1 Toestemming verkrijgen

De toestemming voorwaarden moeten duidelijk zijn. U kunt geen ingewikkelde taal of andere algemene voorwaarden proppen om gebruikers in verwarring te brengen. De toestemming moet gemakkelijk worden gegeven, zodat deze op elk moment vrij kan worden ingetrokken.

10.5.2 Recht op gegevenstoegang

Als gebruikers om een bestaand gegevens profiel vragen, is het een must om ze te voorzien van gratis elektronische gegevens kopie of in detail zoals u hebt verzameld. Dit rapport moet verschillende manieren bevatten om informatie te gebruiken.

10.5.3 Melding van inbreuk

Als zich een inbreuk op de beveiliging voordoet, heeft u 72 uur om een datalek te melden aan de verwerkingsverantwoordelijken en klanten. Als het bedrijf groot is en binnen het tijdsbestek verzuimt om overtredingen te melden, zal dit resulteren in boetes.

10.5.4 Recht om te vergeten

Dit is ook een recht op gegevenswissing. Met de klantgegevens in gebruik of als het oorspronkelijke doel wordt gerealiseerd, is er een recht om de klanten te verzoeken hun gegevens te wissen.

10.5.5 Ontwerpprivacy

De AVG vereist dat bedrijven systemen ontwerpen met de juiste beveiligingsprotocollen. Het niet ontwerpen van de systemen voor gegevensverzameling leidt ook tot het betalen van een boete.

10.5.6 Gegevensoverdraagbaarheid

De gebruikers hier hebben het recht om hun gegevens te gebruiken. Gegevens verkrijgen en hergebruiken in verschillende omgevingen is mogelijk.

10.5.7 Potentiële gegevensbeschermingverwerkt

Het instellen van gegevensbescherming is afhankelijk van de bedrijfsgrootte en het niveau waarop u gegevens verzamelt en.

Wat moeten webdesigners en website-eigenaren weten over de AVG?

De AVG heeft nieuwe regels opgesteld die erop gericht zijn individuen meer controle over hun gegevens te geven. Het vertaalt zich voor HR-afdelingen en werkgevers die om grote veranderingen vragen, zoals:

- Een breder bereik: het hebben van in de EU gevestigde werknemers betekent dat de AVG van toepassing is op de werkgevers. De werkgevers buiten de EU dienen hieraan te voldoen als zij de persoonsgegevens van EU-ingezetenen mogen opslaan, verwerken, beheren of verwerken.

- Verantwoordelijke leveranciers: dit is de eerste keer dat de AVG rechtstreeks gegevensverwerkers reguleert en het omvat leveranciers HR die namens de werknemers persoonlijke gegevens van de werknemers gebruiken.

- Verfijnde persoonsgegevens: De AVG stelt een standaarddefinitie vast die ruimer is voor persoonsgegevens. Het betreft een identificeerbare of geïdentificeerde natuurlijke persoon. De identificeerbare persoonsnorm is laag gesteld, waardoor er meer gegevens onder de AVG vallen dan met de huidige richtlijn.

- Nieuwe rollen voor beveiliging: Een bedrijf dat regelmatig de persoonlijke gegevens controleert als zijn activiteit, moet buiten Duitsland een functionaris voor gegevensbescherming aanstellen. Het is nu een vereiste.

- Vereisten voor het melden van inbreuken: het is nodig om datalekken binnen 72 uur te melden aan de toezichthoudende autoriteiten vanaf het moment van kennis van de inbreuk. Het is een must om de betrokken werknemers onverwijld op de hoogte te stellen.

- Nieuwe rechten: De AVG geeft medewerkers meer controle over het gebruik van data. Ze hebben het recht om toegang te krijgen tot, te verzoeken om en rectificatie van persoonlijke gegevens te verwijderen. Ze kunnen hun gegevens informatie laten gebruiken, en kunnen ook de toestemming voor verwerking intrekken.

10.5.8 AVG persoonlijke en zakelijke gegevens

De gegevenstypen die persoonlijk zijn, zijn onder meer naam, foto's en adres. GDPR breidt de definitie van persoonlijke gegevens uit en het kan ook een IP-adres zijn. Het kan gevoelige persoonlijke gegevens bevatten, zoals biometrische gegevens en genetische gegevens die kunnen worden verwerkt om elk individu op unieke wijze te identificeren.

GDPR heeft één wet als een enkele set regels en wetten over het hele continent. Het is van toepassing op bedrijven die zakelijke transacties hebben binnen EU-lidstaten. Het betekent dat het bereik van de wetgeving meer is dan de Europese grenzen. Zo moet elke internationale organisatie die buiten de regio is gevestigd maar activiteiten op 'Europese bodem' uitvoert, voldoen aan de AVG-regels en -regelgeving.

10.5.9 AVG voor consumenten/burgers

- Het aantal hacks en datalekken heeft ertoe geleid dat veel gegevens, zoals wachtwoorden, e-mailadressen, vertrouwelijke medische dossiers of burgerservicenummers, online zijn vrijgegeven. De belangrijkste wijzigingen in de AVG zijn dat het zijn consumenten nu het recht geeft om te weten over hun gegevenshacking. De organisaties stellen de nationale instanties op de hoogte om te verzekeren dat EU-burgers maatregelen nemen om misbruik van gegevens te voorkomen.

- Consumenten beloven toegang tot persoonsgegevens op de manier waarop deze worden verwerkt. Sommige organisaties zijn al in beweging om na te gaan hoe hun data in gebruik worden genomen. De retail- en marketingafdelingen in veel organisaties nemen contact op met klanten om te weten of ze deel uitmaken van de database. Als dat het geval is, moet de klant een gemakkelijke manier hebben om zich af te melden voor de mailinglijst. Aan de andere kant worden sommige sectoren gewaarschuwd om de naleving van de AVG te waarborgen, aangezien er toestemming is.

- De AVG heeft het recht om het proces te vergeten en biedt de rechten en vrijheid aan mensen die persoonsgegevens willen verwijderen en de verwerking van hun gegevens willen weigeren. Het betekent dat er geen reden is om het te behouden.

- Organisaties van alle formaten stuurden klanten e-mails in alle sectoren. Het heeft ook een opt-in om berichten te blijven ontvangen. Als de klant echter niet op de lijst wil staan, klik dan op het e-mailgedeelte om het bedrijf te vertellen dat ze contact willen houden.

10.6 Melding van inbreuk

De AVG heeft een plicht voor alle organisaties om ongeautoriseerde toegang of verlies van persoonlijke gegevens te melden. Deze melding dient te worden gedaan aan de relevante autoriteit of toezichthouder. Sommige organisaties informeren personen die getroffen zijn door de inbreuk.

Het melden van inbreuken leidt tot een risico voor de vrijheid en rechten van een individu en kan leiden tot schade aan de reputatie, discriminatie, verlies van vertrouwelijkheid, financieel verlies of een ander sociaal of economisch nadeel.

In het geval dat er een inbreuk wordt gepleegd door hackers op klantgegevens, moet de organisatie dit bekendmaken. De organisatie is verplicht om de getroffen persoon te informeren over de inbreuk en ook om de relevante toezichthoudende instantie te informeren om de schade zo snel mogelijk te beperken. Het moet worden geïnformeerd door een inbreukmelding rechtstreeks naar de slachtoffers te sturen. Het is een één-op-één correspondentie. Een ernstige inbreuk bij het publiek of veel klanten wordt onmiddellijk gemeld, zodat er geen ongewenste vertraging ontstaat.

10.7 Oefening

Gefeliciteerd met het afronden van je hoofdstuk! Om uw kennis te bevestigen, raden we u aan de volgende vragen te beantwoorden:

A. Wat is de gemakkelijkste manier om op de hoogte te blijven van nieuwe informatie over WordPress?

B. Waarom gebruikt WordPress updates?

C. Waar staat de AVG voor?

D. Moeten organisaties en bedrijven informeren over datalekken?

Antwoorden:

a) De gemakkelijkste manier om op de hoogte te blijven van het laatste nieuws is door rechtstreeks naar de bron, de wordpress.org-website, te gaan, ofwel door er direct naartoe te gaan of door de relevante widget op de omslag van het dashboard of een van de officiële sites te volgen. sociale media.

b) WordPress gebruikt updates om gebruikers op de hoogte te stellen wanneer nieuwe versies van WordPress, plug-ins en thema's beschikbaar zijn.

c) AVG staat voor Algemene Verordening Gegevensbescherming. Het is een wet die in 2018 door de EU is ingesteld voor gegevensprivacy.

d) GDPR heeft een plicht voor alle organisaties om gegevensinbreuken van bepaalde soorten te melden die gepaard gaan met ongeautoriseerde toegang of verlies van persoonlijke gegevens.

■ ■ ■

Beste lezer,

Gefeliciteerd! Je hebt de eerste stappen gezet in de wereld van WordPress en hopelijk veel geleerd over het maken en beheren van websites. Misschien heb je al een eigen site opgezet of ben je nog volop aan het experimenteren. Hoe dan ook, onthoud dat WordPress een krachtig en flexibel platform is dat continu blijft evolueren.

Om je vaardigheden verder te ontwikkelen, geef ik je graag een paar tips voor de toekomst:

1. **Blijf oefenen** – De beste manier om beter te worden in WordPress is door ermee te werken. Experimenteer met thema's, plug-ins en instellingen om te ontdekken wat het beste bij jouw website past.

2. **Leer basiskennis van HTML en CSS** – Hoewel WordPress veel mogelijkheden biedt zonder codeerkennis, kan een beetje HTML en CSS je helpen om je site nét wat professioneler te maken.

3. **Houd je website up-to-date** – Zorg ervoor dat je WordPress, je thema's en plug-ins regelmatig bijwerkt om beveiligingsproblemen te voorkomen en de nieuwste functies te gebruiken.

4. **Denk aan snelheid en veiligheid** – Gebruik caching-plug-ins en een betrouwbaar beveiligingsplug-in zoals Wordfence of Sucuri om je website snel en veilig te houden.

5. **SEO is belangrijk** – Wil je dat jouw site beter gevonden wordt in Google? Besteed aandacht aan zoekmachineoptimalisatie (SEO). Een plug-in zoals

Yoast SEO kan je hierbij helpen.

6. **Sluit je aan bij de community** – WordPress heeft een grote en behulpzame community. Forums, Facebook-groepen en WordPress Meetups zijn geweldige plekken om vragen te stellen en nieuwe dingen te leren.

7. **Denk vooruit** – Naarmate je website groeit, kun je ontdekken dat je behoeften veranderen. Misschien wil je later overstappen op een ander thema, uitbreiden met een webshop of meer automatiseringen toevoegen. Wees hier flexibel in en blijf leren.

Veel succes met je WordPress-avontuur en onthoud: fouten maken mag, zolang je er maar van leert!

Met vriendelijke groet,
Auteur

www.ingramcontent.com/pod-product-compliance
Lightning Source LLC
LaVergne TN
LVHW012332060326
832902LV00011B/1842